명리학그램 5
60간지론

명리학그램5 : 60간지론
ⓒ 김현희, 2023

발행일	2023년 4월 22일
지은이	김현희
발행인	이영옥
편집인	송은주
펴 낸 곳	도서출판 이든북
출판등록	제2001-000003호
주　　소	대전광역시 동구 중앙로 193번길 73
전화번호	(042)222-2536	팩스(042)222-2530
전자우편	eden-book@daum.net
카　페	https://cafe.daum.net/eden-book

ISBN 979-11-6701-235-7 (03810)
값 15,000 원

* 이 책의 판권은 지은이와 이든북에 있습니다.
* 이 책 내용의 전부 또는 일부를 재사용하려면 반드시
  양측에 서면 동의를 받아야 합니다.

명리학그램 5 60간지론

저자 **김현희**

아든북

프롤로그

　사주 해석은 해석자마다 다르다. 사주 해석은 상담사 개개인의 역량이다. 사주 해석의 기본 근거는 천간의 생극제화(生剋制化)와 지지의 합형충파해(合刑沖破害)이지만, 실전 해석에서는 십성론, 십이운성론, 신살론, 구성학, 당사주, 용신론, 억부론, 계절론 등의 다양한 이론을 근거로 해석한다. 이렇게 기준이 다양한데, 사주 해석이 다 똑같이 나올 리 없다.
　사주학은 상담사 각자의 관점에서 다르게 해석하고 평가하는 인문학이다. 인문학이기에 휴머니즘적 관점에서 사주를 해석해야 한다. 모든 학문의 귀결점은 인간의 인간다운 삶을 지향한다. 인간답다는 것은 타인과 함께 하는 삶에서 인의예지신(仁義禮智信)을 실천하는 것이다. 인의예지신은 타인과 '나' 사이에 있는 도덕 윤리로 사주 해석도 이 기준을 벗어날 수 없다.
　현대사회는 과학기술의 발달로 삶의 영역이 넓어지고, 통신의 발달로 전 세계인과 실시간으로 소통하고, 교통의 발달로 공간이동이 가능한 시대이다. 이런 시대에 효율성과 이익만 따지면서 인간을 수단으로 생각할 수 있지만, 과학기술 통신 교통은 인간에게 인간다운 삶을 더 확장하게 하는 쪽으로 움직이고 있다. 인간다운 삶은 너도 잘살고 나도 잘사는 모두 잘사는 모습이다. 이런 시대 이념에 맞춰 사주 명리학을 시대 상황에 맞게 해석해야 한다.

한 개인의 사주를 해석하면서 돈이 있니 없니 하면서 불행한 해석은 하지 말아야 한다. 건강이 약하니 강하니 하면서 겁주는 해석도 지양해야 한다. 사주 해석은 오로지 상담받는 사람에게 위안, 격려, 칭찬으로 해석해주어야 한다. 플라시보 효과나 피그말리온 효과처럼 자기 긍정 심리를 갖게 해주는 사주 해석을 해야 한다.

〈명리학그램〉 시리즈 5권은 60간지를 해석한 책이다. 사람은 60간지 중 한 날(일주)로 태어난다. '내'가 태어난 일주(日柱)가 어떤 60간지인지 알아보는 일도 재미있는 일이다. 사주 명리학이 다 맞는 이론은 아니지만, 그래도 일주(태어난 날)의 의미를 명리학적으로 알아보는 재미를 위해 5권을 출판한다.

프롤로그 · 4

part 1 | 봄: 인(仁)으로 돋아난다

01. 갑자 일주 정인(正印) · 13
02. 을축 일주 편재(偏財) · 16
03. 병인 일주 편인(偏印) · 19
04. 정묘 일주 편인(偏印) · 22
05. 무진 일주 비견(比肩) · 25
06. 기사 일주 정인(正印) · 28
07. 경오 일주 정관(正官) · 31
08. 신미 일주 편인(偏印) · 34
09. 임신 일주 편인(偏印) · 37
10. 계유 일주 편인(偏印) · 40
11. 갑술 일주 편재(偏財) · 43
12. 을해 일주 정인(正印) · 46
13. 병자 일주 정관(正官) · 49
14. 정축 일주 식신(食神) · 52
15. 무인 일주 편관(偏官) · 55

part 2 | 여름: 예(禮)로 성장한다

16. 기묘 일주 편관(偏官) ·61
17. 경진 일주 편인(偏印) ·64
18. 신사 일주 정관(正官) ·67
19. 임오 일주 정재(正財) ·70
20. 계미 일주 편관(偏官) ·73
21. 갑신 일주 편관(偏官) ·76
22. 을유 일주 편관(偏官) ·79
23. 병술 일주 식신(食神) ·82
24. 정해 일주 정관(正官) ·85
25. 무자 일주 정재(正財) ·88
26. 기축 일주 비견(比肩) ·91
27. 경인 일주 편재(偏財) ·94
28. 신묘 일주 편재(偏財) ·97
29. 임진 일주 편관(偏官) ·100
30. 계사 일주 정재(正財) ·103

part 3 | 가을: 의(義)로 수확한다

31. 갑오 일주 상관(傷官) · 109
32. 을미 일주 편재(偏財) · 112
33. 병신 일주 편재(偏財) · 115
34. 정유 일주 편재(偏財) · 118
35. 무술 일주 비견(比肩) · 121
36. 기해 일주 정재(正財) · 124
37. 경자 일주 상관(傷官) · 127
38. 신축 일주 편인(偏印) · 130
39. 임인 일주 식신(食神) · 133
40. 계묘 일주 식신(食神) · 136
41. 갑진 일주 편재(偏財) · 139
42. 을사 일주 상관(傷官) · 142
43. 병오 일주 겁재(劫財) · 145
44. 정미 일주 식신(食神) · 148
45. 무신 일주 식신(食神) · 151

part 4 | 겨울: 지(智)로 보호한다

46. 기유 일주 식신(食神) · 157
47. 경술 일주 편인(偏印) · 160
48. 신해 일주 상관(傷官) · 163
49. 임자 일주 겁재(劫財) · 166
50. 계축 일주 편관(偏官) · 169
51. 갑인 일주 비견(比肩) · 172
52. 을묘 일주 비견(比肩) · 175
53. 병진 일주 식신(食神) · 178
54. 정사 일주 겁재(劫財) · 181
55. 무오 일주 정인(正印) · 184
56. 기미 일주 비견(比肩) · 187
57. 경신 일주 비견(比肩) · 190
58. 신유 일주 비견(比肩) · 193
59. 임술 일주 편관(偏官) · 196
60. 계해 일주 겁재(劫財) · 199

part 5 | 환절기: 신(信)으로 지킨다

61. 2023년 계묘년(癸卯年)과 십천간(十天干)의 운(運) ·205
62. 2023년 계묘년(癸卯年) 검은 토끼 ·209
63. 2023년 계묘년과 십성의 운(運) ·213
64. 운명은 '내 자유의지' ·217
65. 육십간지 십성 숫자의 의미 ·221

part 1

봄

인(仁)으로
돋아난다

01. 갑자 일주 정인(正印)

 명리학에서 사용하는 간지(干支)는 총 60개로, 갑자(甲子)로 시작해서 계해(癸亥)로 끝나는 운행을 환갑(還甲)이라고 한다. 개인은 이 60개의 간지 중 하나로 태어난다. 개인이 태어난 날을 일주(日柱)라고 하며, 일주를 기준으로 연주(年柱)와 월주(月柱)와 시주(時柱)를 상대적으로 해석하는 일이 사주학이다.

 갑자(甲子) 일주는 천간(天干) 갑목(甲木)과 지지(地支) 자수(子水)가 만난다. 갑목 천간은 자수(子水) 지지에 뿌리내리고 자라는 나무로, 물속에서 잘 자라는 버드나무 이미지이다. 나무가 자라려면 물이 필요하기에, 갑자 일주는 살기 위한 요소 하나는 가지고 태어난 셈이다. 갑목을 자수가 밀어주기에 갑목은 물기가 충분한 나무로 잘 자랄 수 있다. 갑목 입장에서 자수는 정인(正印)이다. 정인은 사회에서 인정받는 자격증, 공부한 증명서, 소유 재산이다.

 정인(正印)은 일간(나)을 돕는 기운으로 인덕, 공부복, 명예복, 물려받는 유산 복이다. 물론 사주에 인성(印星)이 너무 많으면 타인에게 의지하는 의존심이 있고, 게으르고 무사태평하지만, 현대사회에서 인성은 각종 자격증으로 인정받는 증명서이다. 정인은 머리가 좋고, 공부를 잘할 수 있고, 인간관계에서 미움받기보다는 사랑받는 편이다. 정인은 정식 증명서로 부모든, 친구든, 혈육이든, 상황이든 일간(나)을 돕는 역할을 한다.

정인의 인복(人福)은 부모복, 배우자복, 자식복, 인맥복이며, 사회생활을 무난하게 할 수 있는 성격적 자질이다. 일주(日柱) 인성은 보호받고 사랑받고 자라기에 성격이 다정하고 타인을 배려하는 이해심이 있다. 정인은 돈으로 인정받기보다는 인간성(人間性)으로 인정받기를 좋아하기에 인간관계에서 이해득실을 재성(財星)만큼 따지지 않는다. 그러나 인성은 자기가 좋아하는 일만 하려고 하고, 힘들고 싫은 일은 하지 않으려고 한다. 그러다가 아무도 도와주는 인맥이 없으면 그때서야 자립심이 발동해서 스스로 독립하려고 하기에 인성은 사회적으로 늦게 철이 든다.

자수(子水)의 지장간(支藏干)이 임계수(壬癸水)이기에 갑자 일주는 편인(偏印)과 정인(正印)을 둘 다 가질 수 있다. 편인(偏印)은 정인보다 눈치 빠르고, 꾀돌이이고 실질적이고 실용적인 지식 습득 능력이다. 편인은 마음만 먹고 공부한다면 사회에서 인정해주는 능력자가 될 수 있다. 편인은 정인보다 예민하고 의심이 많아서 웬만해서는 사람과 이론 같은 학설을 믿지 않는다. 편인은 자기 경험을 중요하게 생각하는 경험주의자이다. 반면에 정인은 합리주의자로, 보편적 이론을 믿는 편이다. 정인은 정식 학교의 졸업장, 전문직으로 머리를 쓰는 직업에서 빛을 발한다. 갑자 일주는 편인 임수(壬水)와 정인 계수(癸水)

를 모두 쓸 수 있기에 갑자 일주가 제일 잘하는 일은 공부이다.

　갑목에게 자수는 십이운성으로 목욕(沐浴)이며 도화살(桃花煞)이다. 목욕은 몸을 아름답게 꾸미는 능력이고, 사람들에게 예쁘다는 소리를 듣는다. 갑자 일주는 사람들 눈에 띄는 것을 좋아하기에 몸매나 얼굴을 가꾸는 편이다. 꾸미기를 좋아해서 도화살이 작용한다. 도화살은 이 사람 저 사람에게 사랑받지만, 잘못되면 부끄러운 일을 당하는 신살(神煞)이다. 사주에 도화살이 있다면 연애(戀愛)와 인간관계를 조심해야 한다. 갑자 일주 목욕(沐浴)은 멋쟁이이기에 명품 소비족(消費族)이 될 수도 있다.

　갑자 일주에게 필요한 글자는 편관 경금(庚金)이다. 경금이 자수를 생(生) 해서 관인상생(官印相生)이 되면 좋다. 그리고 갑자 일주에게 무토 편재와 병화 식신이 있으면 좋다. 갑목은 무토에 뿌리내리고, 무토가 임계수를 관리해서 물양을 조절할 수 있고, 병화 식신이 있어서 갑목이 광합성을 하면, 갑자 일주 나무는 더 잘 자랄 수 있다.

　갑자 일주의 지지(地支) 자수는 자오충(子午沖), 자묘형(子卯刑), 자유파(子酉破), 자유 귀문(鬼門), 자미해(子未害)와 자미 원진(元嗔)이 있기에, 지지로 오화, 묘목, 유금, 미토가 들어오는 운(運)에서는 건강, 말, 행동, 운전 등을 조심하면 된다. 갑목은 간, 담, 췌장, 골격, 머리를 상징하기에 몸이 약해지면 이 부위에 병이 올 수 있다. 그리고 갑자 일주는 60간지의 첫 번째이기에 우두머리 기질이 있고, 지는 것을 싫어하는 편이다.

02. 을축 일주 편재(偏財)

을축(乙丑)은 육십간지에서 갑자(甲子) 다음에 오는 두 번째 간지이다. 을축은 차가운 겨울 땅에 피어난 복수초 이미지이다. 을목은 작은 꽃나무인데, 을목이 앉은 자리인 지지(地支) 축토는 차가운 겨울 땅이다. 을목은 차가운 축토에서 피어난 꽃이기에 경쟁력과 인내심이 강하고, 어디서든 적응하는 생존력이 있다.

을축 일주 편재(偏財)는 돈을 벌어서 자기 혼자 쓰지 못하고 남과 나눠 쓰는 재성(財星)이다. 편재의 편(偏)자는 '치우치다, 절반이다, 한쪽이다'라는 의미이다. 정재(正財)는 바르게 갖추어진 재물이고, 편재(偏財)는 치우친 재물로 큰돈도 될 수 있지만, 벌어서 쓰는 돈으로 과소비하는 돈도 되고, 빚을 내서 생활하는 돈도 된다. 편재는 저축되는 돈이기보다는 들어왔다 나가는 돈이기에, 사주에 편재가 많으면 돈 관리를 잘해야 돈 걱정을 하지 않는다.

편재는 일도 열심히 하고 돈도 열심히 벌지만, 돈 씀씀이가 있어서 돈이 잘 모이지 않는다. 그래서 일주가 편재이면 알뜰해야 하고, 돈 씀씀이를 관리해야 한다. 투기나 노름은 하지 말아야 돈이 모인다. 을축 일주 편재는 알뜰하게 살면 부자가 되지만, 귀가 얇아 투자나 투기나 노름으로 돈을 사용한다면 돈이 늘 부족하다. 태어난 일주도 편재인데, 연월시주(年月時柱)에도 편재가 네 개 이상이면 돈 씀씀이가 헤프기에 아무리 돈을 벌어도 돈이 없을 수 있다. 사주에 편재가 네 개 이상이면 적금이나 예금을 해야 돈이 모인다.

  축토(丑土)의 지장간은 계신기(癸辛己)이다. 을목 입장에서 계수는 편인, 신금(辛金)은 편관, 기토는 편재이다. 계수 편인은 눈치 빠른 똑똑이이고, 신금(辛金) 편관은 을목에게 스트레스를 주는 상황이나 환경이고, 기토 편재는 을목이 일해서 번 돈이다. 을목 입장에서 축토의 지장간 기토 편재가 신금(辛金) 편관을 재생관(財生官)하면 일이나 인간관계에서 스트레스를 받는다. 그러나 계수 편인이 있어서 신금(辛金) 편관이 계수 편인을 생(生) 하는 관인상생(官印相生)도 하기에, 을축 일주는 자기 일에서 인정받으며 조직 생활을 잘할 수 있다. 을축 일주 편재는 사업보다는 회사 생활이나 월급 받는 직업이 좋다. 편재가 사업을 하면 앞으로는 돈을 벌어도 뒤로는 빚질 수 있다.

  을축 일주에게 필요한 글자는 병화(丙火)와 갑목(甲木)이다. 병화는 따뜻한 불기운으로, 을목이 얼지 않게 한다. 을목에게 병화는 상관(傷官)이어서, 상관이 구설수나 관재수로 작용하기도 하지만, 을목에게 병화 상관은 을목을 괴롭히는 편관 신금(辛金)과 병신합수(丙辛合水)를 하기에 을축 일주에게 병화 상관은 좋은 역할을 한다. 그리고 갑목 겁재는 기토와 갑기합토를 하면서 을목을 돕는 역할을 한다.

  을축 일주는 십이운성으로 쇠지(衰支) 반안살(攀鞍煞)이다. 쇠지는 인생의 희로애락을 경험한 노련한 식견(識見)이며, 반안살은 말 안장에서 편안하게 유람하는 신살(神煞)이다. 을축 일주가 젊었을 때 고난과 시련을 잘 견뎌내면 늙어서 인생을 편안하게 살 수 있다. 을목에게 축토는 차가운 땅이지만, 축토에는 봄에 새로 피어날 씨앗이 보관되어 있기에, 축토는 보물도 숨겨져 있는 땅이다. 그래서 을축 일주는 희망과 긍정의 힘을 잃지 않고 산다. 십이운성의 쇠지(衰支)는 삶에 대한 이해력이 넓어서 고통과 시련을 낙관적으로 이겨내는 정신력이다.

을축 일주와 부딪치는 천간은 신미(辛未)와 기미(己未) 운(運)이다. 신미와 기미 운이 오면 관절, 뼈, 간, 소화기계를 잘 관리해야 하고, 사회생활에서 사람들과 부딪치지 말아야 한다. 지지로 들어오는 오화(午火) 운도 을축 일주는 조심해야 한다. 오화는 축토와 원진, 귀문, 탕화살을 짜기에 오화가 들어오는 운(運)에서는 을축 일주는 말, 행동, 인간관계, 돈, 건강을 조심해야 한다. 그리고 축토는 미토와 충하고, 축술미 삼형살을 짠다. 충(沖)하고 형(刑)하는 운(運)에서는 사건사고가 있을 수 있으니 매사 조심해야 한다.

을축 일주는 을목(乙木)이 상징하는 간, 담, 췌장이 축토의 지장간 신금(辛金)에게 베임을 당하기에 당뇨 같은 혈관계 질환을 앓거나, 뼈나 관절이 약해질 수 있으니, 젊을 때부터 관절과 뼈와 간을 관리해야 나이 들어서 건강하게 산다.

03. 병인 일주 편인(偏印)

　병인(丙寅) 일주는 육십간지 중 세 번째이다. 병인 일주의 천간 병화는 지지(地支)에서 튼튼한 나무인 인목(寅木)이 불쏘시개가 되어주기에 꺼지지 않는 불이다. 병인 일주는 인목의 지장간(支藏干)에 무병갑(戊丙甲)이 있어서 갑목 편인이 병화 불기운을 꺼지지 않게 목생화(木生火)하고, 병화 비견이 병화의 기운을 돕고, 병화가 무토 식신을 화생토(火生土)하면, 무난하게 인생을 산다.

　일주(태어난 날)가 인성(印星)이면 공부해서 자격증을 따서 전문직으로 사는 게 좋다. 병인 일주는 인목의 지장간에 갑목 편인(공부)이 있어서 머리가 좋다. 편인과 정인은 각종 자격증에 관련된 전문적인 공부를 할 수 있는 머리이다. 태어난 일주가 정인이든 편인이든 인성(印星)이면 공부해서 전문 직종의 자격증을 따고, 그 자격증으로 돈을 벌어야 인생이 무탈하다.

　일주 편인이 공부하지 않으면 식상을 극(剋) 하기에 살면서 몇 번의 직업 변동을 하거나, 하는 일에서 크게 성과를 내지 못한다. 이것을 도식(倒食)이라고 한다. 도식은 밥그릇을 엎는다는 의미로 일하지 않고 만사태평하고 게으르고 불평불만 하거나 핑계 대면서 자기 할 일을 미룬다. 일주 편인이면 식상을 도식(倒食)하지 않기 위해 자기 의지를 세워서 열심히 공부하고 일정 자격증을 따서 직업을 가져야 먹고사는 문제를 평탄하게 해결할 수 있다.

천간의 생극제화(生剋制化)에서 생(生)은 식상, 극(剋)은 재성, 제(制)는 관성, 화(化)는 인성이다. 화(化)는 '되다, 바뀌다, 고쳐지다, 따르다'의 의미로 인성(印星)은 세상에 맞추고 세상을 따라 사는 기질이다. 정인(正印)이 갈등 없이 사람들이 사는 대로 따라 산다면, 편인(偏印)은 갈등하면서 세상을 따라 산다. 정인이 있는 그대로를 순수하게 받아들인다면, 편인은 의심하고 비판하면서 자기 필터로 세상의 지식과 정보를 받아들이기에 예민하고 까다롭다.

편인은 육친(六親)으로 어머니이다. 정인의 어머니가 자상하고 사랑이 많고 자식과 잘 지내는 어머니라면, 편인의 어머니는 잔소리가 많고 자식을 자기식으로 키우려고 하기에 자식이 스트레스를 받고 자식이 어머니 눈치를 보면서 자라게 한다. 눈치를 보면서 자라는 편인은 사람을 있는 그대로 믿지 않고, 상대방의 기분을 살피고, 상황 판단을 직관적으로 하고, 세상을 긍정적으로 바라보기보다는 부정적으로 바라보는 편이다.

병인 일주 편인의 십이운성은 장생(長生)이다. 장생은 삶의 에너지가 건강하고 장수(長壽)한다. 장생은 부모 말 잘 듣고 공부 열심히 하면 자기가 좋아하는 일에서 전문가가 될 수 있고, 부모, 지인, 선배, 후배 같은 인덕이 좋다. 그러나 장생이 노력하지 않고 쓸데없는 잡기나

놀이에 빠져 시간을 낭비하고 이런저런 자격증 하나 없이 성인(成人)이 되면 부모에게 짐이 될 수 있다.

병인 일주는 임신(壬申) 운과 경신(庚申) 운(運)이 올 때 천간끼리 병임충(丙壬沖), 경병충(庚丙沖)을 하고 지지끼리 인신충(寅申沖)을 한다. 충(沖) 할 때는 돈, 인간관계, 건강, 운전, 말, 행동을 조심해야 손재수, 관재수, 구설수, 병원 입원, 수술수를 피할 수 있다. 지지에서 인목(寅木)과 신금(申金)이 인신충을 하면, 인목에 해당하는 머리, 간, 담, 췌장이나 신금(申金)에 해당하는 폐, 대장이 약해질 수 있다.

병인 일주는 신해(辛亥) 운이 오면 병신합수(丙辛合水), 인해합목(寅亥合木)이 되어 사회적 화합력이 좋아진다. 합으로 만들어진 수(水) 기운으로 화(火) 기운을 조절하고, 목(木) 기운을 생(生) 하는 관인상생(官印相生)을 하기에, 자기 통제력이 좋아져서 자기가 하는 일에서 일종의 성과를 낼 수 있다. 지지의 인목이 인묘진 방합, 인오술 삼합, 인해합목을 짤 때는 융통성이 발휘되기에 합의 운에서는 인생이 무난하게 흐른다. 합(合)은 상황에 협조하고 타인과 타협해서 시너지 효과를 내는 기운이다.

지지의 인목(寅木)이 인사신 삼형살(寅巳申三刑煞)을 짜는 운에서는 관재수, 손재수, 구설수, 수술수, 교통사고수가 있을 수 있으니 매사 조심해야 한다. 인미귀문(寅未鬼門)이나 인유원진(寅酉元嗔) 운에서는 우울증, 불안증, 스트레스로 몸이 아플 수 있으니 마음 관리를 잘해야 한다. 병인 일주 편인 장생은 보통은 건강하게 오래 사는 편이다.

04. 정묘 일주 편인(偏印)

정묘(丁卯) 일주는 육십간지의 네 번째 간지이다. 정화(丁火)는 불, 묘목(卯木)은 나무이다. 정화는 묘목 나무의 기운을 받아 은은하게 타오르는 불이다. 정화는 하늘의 달, 병화(丙火)는 하늘의 태양으로 세상을 밝게 만들고 생명체를 키우는 불이다. 불은 문명과 문화의 근원으로 사람의 지혜를 밝게 만드는 지식과 정보를 상징한다.

정화 입장에서 묘목의 지장간(支藏干)에 갑을(甲乙)이 있어서 정인(正印)과 편인(偏印) 둘 다 사용한다. 정인은 합리적인 똑똑이이고, 편인은 실리적인 똑똑이이다. 비유하면 정인은 객관적인 공부이고, 편인은 실리적인 공부이다. 정인이 학문적 이론 지식이라면, 편인은 실제적 응용 지식이다. 정인이 기초학문이라면, 편인은 기초학문을 기반으로 파생된 여러 학문이다.

정화는 묘목의 지장간(支藏干) 갑을목(甲乙木)을 다 취할 수 있기에 공부 쪽으로 열심히 노력하면 성공할 수 있다. 지지의 갑을목 인성이 천간 정화를 생(生) 해주기에 정화가 사회생활을 할 때 인맥이나 조력자로 작용한다. 인성(印星)은 일간(나)을 생(生) 하기에 일간이 기존 질서를 따르게 하고 환경에 맞춰 행동하게 한다. 그러나 사주에 인성이 네 개 이상이면 누가 해주겠거니 하는 의존심과 어떻게 되겠지 하는 무사안일함이 있다.

인성(印星)은 육친(六親)으로 어머니이다. 정인(正印)이 있는 그대로 자식을 인정하는 어머니라면, 편인(偏印)은 자식의 삶을 간섭하고 잔소리하는 어머니이다. 편인의 어머니는 자식에게 스트레스를 주고, 자식이 제대로 하지 않으면 엄격하게 혼내고, 자식을 키우면서 공치사(功致辭)를 한다. 편인의 어머니에게 자란 자식은 어머니 비위를 맞추면서 자랐기에 사람들 눈치를 보며 세상을 부정적으로 바라보고 의심한다.

편인이 편인도식(偏印倒食)을 하면 한 가지 일을 꾸준히 하지 못하고 여러 번의 직업 변동이 있다. 정화 입장에서 갑목 정인은 기토 식신과 갑기합토(甲己合土)를 해서 식신의 힘을 살리지만, 을목 편인은 무토 상관과 기토 식신을 극(剋) 하면서 식상(생활력)의 힘을 빼는 편인도식을 한다. 음간(陰干) 을정기신계(乙丁己辛癸) 일주(태어난 날)가 편인이면 한 가지 분야에서 열심히 공부해서 전문가로 살아야 편인도식을 하지 않는다.

정묘 일주 편인의 십이운성은 병지(病支)이다. 병지는 아프다는 의미도 되고, 아픈 사람들을 불쌍히 여기는 동정심이나 연민이다. 병인(丙寅) 일주 편인은 장생(長生)이라서 능동적 활기가 있다면, 정묘 일주 편인은 병지(病支)라서 타인에 대한 배려심과 이해심이 있고, 신체적 에너지가 크지 않고, 나이 들면 아플 수 있다. 정묘 일주 편인 병지는 크게 욕심내지 않고 소욕지족(少欲知足) 하면서 산다.

정묘 일주는 임술(壬戌) 운(運)에서 정임합목(丁壬合木), 묘술합화(卯戌合火)를 한다. 합(合)의 운(運)에서는 서로 협력하여 시너지 효과를 내며 좋게 변한다. 정묘 일주는 신유(辛酉) 운과 계유(癸酉) 운이 오면 천간으로 정신충(丁辛沖), 정계충(丁癸沖), 지지로는 묘유충(卯酉沖)을 한다. 충(沖)은 부딪쳐서 한쪽이 사라지고 한쪽은 상처를 입는다. 충이 될 때는 건강, 운전, 말, 인간관계를 조심해야 한다. 충(沖)하는 운에서 손재수, 관재수, 수술수, 구설수가 있을 수 있다.

지지의 묘목(卯木)은 인묘진 방합, 해묘미 삼합, 묘술합화를 한다. 합(合)하는 운은 상황에 적응하기에 긍정적으로 삶의 문제가 해결된다. 묘목이 묘유충(卯酉沖)을 하는 운이면 묘목(卯木)에 해당하는 머리, 사지, 뼈, 관절, 허리, 무릎이 아플 수 있고, 유금(酉金)에 해당하는 폐와 대장이 약해질 수 있다. 자묘형(子卯刑)은 수생목(水生木)도 되는데, 음지(陰支)끼리의 생이라서 약간 부정적으로 해석한다.

묘진해(卯辰害)는 인묘진(寅卯辰) 방합(方合)으로 보기에 묘진해가 작용하지 않는다. 오묘파(午卯破)도 목생화(木生火)이지만 음지끼리의 생이라서 파(破)로 본다. 사주는 음양 조화를 좋게 보고, 음음(陰陰), 양양(陽陽)의 조합은 부정적으로 본다. 묘신원진(卯申元嗔)과 묘신귀문(卯申鬼門)은 우울증, 불안증이기에 마음 관리를 잘해야 한다. 정묘 일주 편인 병지는 인생에 대해 사색하는 기질이 있어서 웬만한 시련이나 고통은 마음의 의지력으로 이겨낼 수 있다.

05. 무진 일주 비견(比肩)

　무진(戊辰) 일주 비견은 천간(天干) 무토(戊土)와 지지(地支) 진토(辰土)에 온갖 꽃이 피어난 봄 동산이다. 비견은 일간(나)과 음양이 같고 오행이 같다. 비견은 무거운 짐을 함께 져주는 혈육과 인맥이다. 비(比)는 '견주다, 따르다, 추구하다'의 의미로 삶을 살아갈 때 옆에서 희로애락을 함께 해주는 친구이다. 견(肩)는 어깨 견으로 '견디다, 이겨내다'의 의미로 삶의 의무를 책임지는 건강한 체력이다.
　비견은 상황을 버티는 힘으로 자립심, 추진력, 경쟁력, 친구이다. 비견이 있어야 인성(印星)의 생(生)을 받고, 식상(食傷)을 생 해서 돈을 벌 수 있다. 비견이 있어야 식상생재(食傷生財)해서 재성(財星)의 돈을 손에 쥘 수 있고, 관성(官星)의 제압을 받아내는 인내력과 융통성을 발휘할 수 있다. 비견은 자기 주체성이기에 삶의 기준을 타인에게 두지 않고 자기에게 두며, 자기만의 확실한 생각과 느낌으로 인생의 길을 간다.
　무진 일주 비견은 진토의 지장간에 을계무(乙癸戊)가 있다. 무토 입장에서 을목 정관, 계수 정재, 무토 비견이다. 무토가 계수와 무계합화(戊癸合火)를 하기에 무진 일주는 협력심과 배려심이 있다. 합(合)은 상황에 적응하는 협력심으로 문제가 발생하면 갈등하지 않고 관련자와 협의하면서 해결한다. 무진 일주 진토의 지장간 정재 계수가 정관 을목을 생(生) 하는 재생관(財生官)을 한다. 재생관은 돈을 벌기 위해 직업 생활에 충실하게 임한다. 재생관을 받은 관성이 인성을 생 하면 관인상생(官印相生)이 되기에 재생관 사주는 자기 직업에 성실하고 사회 질서를 잘 지키며 사람들과 잘 지내려고 한다.

무진 일주 비견의 십이운성은 관대(冠帶)이다. 관대는 잘 자란 성년(成年)으로 사회에 첫발을 내디딘 직장인이다. 관대는 신체적으로 건강하고 정신적으로 꿈이 있다. 무진 일주 관대는 어디를 가도 청년의 패기로 살아남고, 자기에게 주어진 일을 성공적으로 해내는 긍정적인 의지력이다. 무진 일주 관대는 지지의 진토에 재물운(계수 정재)과 직업운(을목 정관)이 있기에 사회생활 하면서 기존 질서에 유연하게 적응하며 사람들과 잘 지낸다.

무진 일주와 합이 되는 운은 계유(癸酉) 운이다. 계유 운이 오면 무진 일주는 무계합화(戊癸合火)로 화생토(火生土)를 받고, 진유합금(辰酉合金)으로 토생금(土生金)을 해서 생(生) 하는 운으로 흐른다. 생 하는 운에서는 서로 좋은 방향으로 일의 결과를 만들어낸다. 무진 일주와 충(沖) 하는 운은 갑술(甲戌) 운과 임술(壬戌) 운이다. 무진 일주는 갑술운과 임술운이 오면 천간으로 갑무충(甲戊沖), 임무충(壬戊沖), 지지로는 진술충(辰戌沖)을 하기에 돈, 건강, 행동, 말, 인간관계, 운전을 조심해야 한다. 충은 하나는 사라지고 하나는 상처 입기에 손재수, 관재수, 소송수, 이별수, 구설수 같은 스트레스가 있다.

지지의 진토가 인묘진 방합, 신자진 삼합, 진유합금(辰酉合金)을 할 때는 운이 무탈하게 흐른다. 진토가 술토를 만나면 진술충(辰戌沖)을 하는데, 진토와 술토는 소화기계를 상징하기에 내과 쪽으로 병이 올 수 있으니 먹는 음식을 조심해야 한다. 진진형(辰辰刑)은 물 많은 진흙땅이기에 조금 부정적으로 보고, 축진파(丑辰破)는 겨울 땅과 봄 땅의 부딪침이기에 약간 부정적으로 해석하면 된다. 묘진해(卯辰害)는 인묘진(寅卯辰) 방합으로 보기에 해(害)가 작용하지 않는다. 진해원진(辰亥元嗔)이나 진해귀문(辰亥鬼門) 운에서는 마음 관리를 잘해야 한다. 원진이나 귀문은 신경증적으로 우울증이나 불안증을 앓을 수 있다.

무진 일주는 봄에 새로 난 생명체들이 가득한 산으로 희망차고 밝고 낙관적이다. 무진 일주는 진토의 지장간에서 재생관(돈 벌고 지위 얻음)을 하기에 사회적으로 무난하게 산다. 재생관이 되어서 관성이 일간(나)을 상황에 맞게 관리해주고, 일간의 재물을 빼앗아가는 겁재를 제압하기에, 무진 일주는 사는 게 평탄하다.

사주의 지지에 진미술축(辰未戌丑)이 있으면 백호살(白虎煞:불의의 사고)이나 괴강살(魁罡煞:우두머리 기질)로 해석하는데, 백호살이나 괴강살로 해석하기 전에, 지지의 합형충파해(合刑沖破害)로 먼저 해석하는 게 올바른 해석법이다. 진토는 용이 하늘로 비상하는 땅이기에 변화무쌍하고, 축술미 삼형살에서 제외된다.

06. 기사 일주 정인(正印)

기사(己巳) 일주 정인은 햇살 내리쬐는 들판이다. 정인은 문서, 자격증, 졸업장, 지위이다. 정인은 윗사람, 선배와 잘 지낸다. 정인은 사회적으로 승진, 부동산, 재산, 인맥, 조력자이고, 가정적으로 인자한 어머니이다. 일주(태어난 날)가 정인이면 인정받고 보호받기에 성격이 온화하고 사람들을 이해하는 공감 능력이 좋다.

인성(印星)은 사회와 부딪치지 않고 타협한다. 상관(傷官)이 사회생활 하면서 말이나 행동으로 사람들과 부딪친다면, 인성은 관성의 생(生)을 받기에 관인상생(官印相生)이 되면, 주어진 상황과 협력하면서 산다. 그런데 사주에 인성이 네 개 이상이면 어머니나 윗사람의 간섭이 심해서 의존적이고 우유부단하며 무사태평하고 스트레스받으면 어머니 품으로 숨어들고 책임감이 약하고 선택 장애가 있다.

음간(陰干) 기토 입장에서 정인이 병화(丙火)인데, 병화가 기토의 식신 신금(辛金)과 병신합수(丙辛合水)를 해서 수기운(水氣運)이 되면 재성(財星)으로 변하기에 정인 병화가 기토에게 좋게 작용한다.

정인과 식신의 합은 사회질서에 순응하면서 자기가 하고 싶은 일을 하면서 즐겁게 산다. 정인이 비겁을 생하고 식신과 합을 하고 상관을 제압하면 사람들과 갈등하지 않는다. 상관은 말이나 행동을 함부로 해서 구설수와 관재수를 일으키는데, 그런 상관을 정인이 극(剋) 하면, 상관이 얌전해지기에 기토에게 정인은 좋은 역할을 한다.

기사(己巳) 일주 정인은 사화(巳火)의 지장간에 무경병(戊庚丙)이 있는데, 기토(己土) 입장에서 무토는 겁재, 경금은 상관, 병화는 정인이다. 기토 입장에서 무토 겁재는 기토에게 인맥과 건강과 경쟁력이다. 음간(을정기신계)에게 양간(갑병무경임) 겁재는 음간이 기댈 수 있는 오행(五行)으로 음간 일주에게 겁재는 좋게 작용한다. 그러나 사주에 겁재가 두 개 이상이면 해롭게 작용한다. 사주에서 겁재는 하나가 좋다.

기토 입장에서 경금 상관이 병화 정인에게 극 당하면 상관 짓(구설수나 관재수)을 하지 않고 똑똑한 언변가나 합리적 전문가가 된다. 상관이 정인에게 제압당하면, 이론(정인)과 실천(상관)을 겸비한 실력자가 될 수 있다. 정인에게 제압당한 상관은 상황 판단을 객관적으로 하기에 갈등 상황을 만들지 않고, 적절하게 처신해서 상관생재(傷官生財) 하는 방향으로 나아가서 돈을 벌 수 있다.

기사 일주 정인의 십이운성은 제왕(帝旺)이다. 제왕은 겁재인데, 사화(巳火)의 지장간에 무토 겁재가 있어서 기사 일주에게는 제왕이 정인(正印)이다. 제왕은 돈을 벌어서 식구들을 먹여 살리는 가장(家長)이고, 사회생활에서 자수성가한다. 제왕은 건강하고 책임감이 강하고 실천력이 좋다. 그런데 사주에서 겁재 제왕은 하나만 있는 게 좋다.

하나의 겁재는 자신감과 건강이지만, 두 개 이상의 겁재는 지배 욕망과 자만심이 되기에 일이나 인간관계를 그르칠 수 있다.

기사 일주가 합이 되는 운은 갑신(甲申) 운이다. 갑신 운이 오면 갑기합토(甲己合土), 사신합수(巳申合水)를 하기에 건강 운과 재성(財星) 운이 좋아진다. 기사 일주가 충이 되는 운은 계해(癸亥) 운과 을해(乙亥) 운인데, 이런 운에서는 천간으로 계기충(癸己沖), 을기충(乙己沖), 지지로 사해충(巳亥沖)이 되기에 충이 되면 한쪽은 사라지고 한쪽은 아프기에 매사 조심해야 한다. 충 하는 운에서는 기토(己土)가 상징하는 소화기계나 사화(巳火)가 상징하는 심장, 폐, 대장이 아플 수 있으니 건강관리를 잘해야 한다.

지지의 사화(巳火)는 사오미 방합, 사유축 삼합, 사신합수를 한다. 합을 하는 운에서는 상황에 협력하고, 사람과 타협하기에 큰 갈등이 없다. 사화가 해수(亥水)와 사해충(巳亥沖)을 하고, 인사신(寅巳申) 삼형살(三刑殺)을 짤 때는 건강, 운전, 말, 행동, 돈을 조심해야 한다. 삼형살 운에서는 관재구설수(官災口舌數)가 있으니 질서를 잘 지키고 인간관계를 예의 바르게 해야 한다.

사화는 술토(戌土)와 원진살과 귀문관살을 짜니까 술토 운에서는 마음 관리를 잘해야 우울증이나 신경증으로 고생하지 않는다. 사신파(巳申破)는 사신합수(巳申合水)를 먼저 하니까 작용이 약하고, 인사해(寅巳害)는 인사신(寅巳申) 삼형살로 갈 수 있으니까 매사 조심해야 한다. 기사 일주 정인은 내면은 강하고 외면은 순한 편이다.

07. 경오 일주 정관(正官)

경오(庚午) 일주는 활활 타는 용광로에서 잘 만들어진 생활 도구이다. 경금을 녹이는 오화(午火)는 용광로로서 경금(庚金)을 실용적이고 필요한 재목으로 만드는 정관(正官)이다. 정관은 성실함, 착실함, 상황 적응력이다. 관성(官星)은 일간(나)을 제압해서 기존 질서나 주어진 사회에 맞게 적응시킨다. 정관은 조직 질서를 유지하는 위계 규율에 협조하고 타협한다.

정관은 사람이나 상황과 갈등하기보다는 협력한다. 오화(午火)의 지장간(支藏干)에 병기정(丙己丁)이 있다. 경금 입장에서 병화는 편관, 기토는 정인, 정화는 정관으로 오화의 지장간이 관인상생(官印相生)을 한다. 관인상생은 사회생활에서 남에게 피해 주지 않고 안정적으로 생활하고 인정받기 위해 조직이나 사람에게 적응한다. 인성(印星)은 인맥이나 인덕으로 작용하고 기존 질서와 부딪치지 않고 순응한다.

경오 일주 정관은 조직 질서에 맞춰 살기에 순종적이다. 일간이 정관의 제압을 받으면 정신력과 체력이 약해지기에 사주에 비겁이 하나 있어서 일간을 도우면 좋다. 한 개의 비겁은 관성이 일간을 제압할 때 버텨낼 체력이고 자신감이다. 경오 일주가 사주에 신금(辛金) 겁재가 있다면 오화(午火)의 지장간 병화 편관이 신금 겁재와 병신합수(丙辛合水)를 해서 경금 일주를 돕는다. 신금 겁재가 병화 편관과 병신합수(丙辛合水)가 되면 물기운이 오화 불기운을 조절하기에 경금은 주어진 상황에서 자기 의지력으로 살아낸다.

양간(陽干) 갑병무경임(甲丙戊庚壬)의 겁재(劫財)는 편관(偏官)과 합을 하기에 양간 입장에서 사주에 겁재가 있다면 편관의 제압을 받아내는 협력심과 인내심이 좋아진다. 음간(陰干) 을정기신계(乙丁己辛癸)의 겁재는 편재(偏財)와 합을 하기에 돈 씀씀이를 관리할 수 있어서 재물운이 좋아진다. 음간이든 양간이든 사주에 겁재 하나는 좋다. 양간 겁재는 편관과 합을 해서 스트레스를 줄여주고, 음간 겁재는 편재와 합을 해서 재물을 지켜준다. 그러나 사주에 두 개 이상의 겁재는 일간(나)의 재물을 빼앗아가는 손재수(損財數)로 작용한다.

경오 일주 경금(庚金)이 빛나려면 임계수(壬癸水) 식상이 병정화(丙丁火) 관성을 조절해야 한다. 경오 일주에게 임수 식신은 오화의 지장간 정화 정관과 합을 해서 정임합목(丁壬合木)이 되어 경금에게 재물운이 되어준다. 계수 상관은 오화의 지장간 병화 편관과 정화 정관을 제압해서 관성이 경금을 순하게 관리하도록 한다. 경오 일주 정관에게 임수 식신과 계수 상관은 경금이 오화 불기운으로 완전히 녹지 않게 보호한다.

경오 일주 정관의 십이운성은 목욕(沐浴) 도화살이다. 목욕 도화살은 자기를 꾸미는 멋쟁이로 타인의 사랑과 인정을 받고 싶어 한다. 도화살은 외모를 관리하고, 옷 사기를 좋아하고, 화장하기를 즐긴다. 도화살은 과시 소비도 하면서 자기 개성을 드러내고, 타인과 부딪치기보다는 타인에게 잘 보이려고 한다. 도화살은 인기를 먹고 살기에 자기를 바라보는 타인이 없으면 외로워한다.

경오 일주 남자는 정관이 자식이기에 자식을 위해 인생을 살고 자식을 잘 키우기에 자식복이 있다. 경오 일주 여자는 정관이 남편이기에 남편에게 잘하고 직장 생활도 잘하는 슈퍼우먼일 수 있다. 남녀 모두 태어난 일주가 정관이면 사회생활을 무난하게 하고 가정을 잘 지키며 자기 인생을 착실하게 산다.

경오 일주가 합을 하는 운은 을미(乙未) 운이다. 을미 운이 오면 경을합금(庚乙合金), 오미합화(午未合火)를 해서 건강운과 승진운이 좋아진다. 경오 일주가 충(沖)을 하는 운은 병자(丙子) 운과 갑자(甲子) 운이다. 병자 운과 갑자 운이 오면 경오 일주는 경병충(庚丙沖), 갑경충(甲庚沖), 자오충(子午沖)을 한다. 충을 할 때는 하나는 깨지고 하나는 아프기에 충(沖) 하는 운에서는 건강, 운전, 말, 행동, 돈을 조심해야 한다.

지지(地支)의 오화는 사오미 방합, 인오술 삼합, 오미합화를 한다. 합은 자기를 낮추고 상황에 협력한다. 오화는 오묘파(午卯破)를 하는데 파(破)는 목생화(木生火)로 생(生)도 하기에 크게 나쁜 일은 없다. 오화는 축오해(丑午害), 축오원진(丑午元嗔), 축오귀문(丑午鬼門), 축오탕화살(湯火煞)을 짜기에 축토 운이 오면 매사 조심해야 한다. 경오 일주 정관은 근면 성실하게 세상을 살아간다.

08. 신미 일주 편인(偏印)

　신미(辛未) 일주는 반짝이는 보석이다. 신금(辛金)은 세공된 완성품으로 경금(庚金)보다 예민하고 예리하다. 경금이 쇳덩어리 원석 자체라면, 신금(辛金)은 필요에 맞게 세공한 생활 도구이다. 신금(辛金)은 완성품이기에 간섭이나 지배받기를 싫어하고 주어진 자기 할 일만 착실히 하면서 사회에 순응하며 산다.

　신금(辛金)은 씨 종자로 근원, 핵, 완성품이다. 신금은 변화하기보다는 있는 그대로 존재하려고 한다. 그런데 병화(丙火)가 있어서 병신합수(丙辛合水)가 되면, 신금이 녹아서 다른 모습이 된다. 합(合)은 변해서 살아남는 유연성이다. 씨앗 신금(辛金)이 따뜻한 불기운 병화를 만나면 물기 촉촉한 새싹으로 변한다. 병화는 신금이라는 원료를 녹여 다른 모습으로 태어나게 하는 용광로이다. 신금은 완전히 녹는 것을 두려워하기에 사주에 임계수(壬癸水)가 있어서 병정화를 조절해주면 신금이 더 아름답게 자기를 빛낼 수 있다.

　신미 일주 미토(未土)의 지장간에 정을기(丁乙己)가 있다. 신금(辛

金) 입장에서 정화는 편관, 을목은 편재, 기토는 편인이다. 편관 정화가 신금을 녹이고, 편재 을목이 신금의 힘을 빼도, 편인 기토가 관인상생(官印相生)으로 신금을 돕기에 힘들지 않다. 관인상생(官印相生)은 사회에 적응해서 살아남는 생활력이다. 을목 편재가 정화 편관을 재생관(財生官)하고, 정화 편관이 기토 편인을 관인상생 하기에 신미 일주는 무난하게 사회생활 할 수 있다. 사주는 생합(生合)을 극충(剋沖)보다 먼저 한다. 신미 일주 미토의 지장간(支藏干)끼리 서로 생(生) 해서 신금의 생활력을 돕는다.

편인(偏印)은 조력자, 지식, 정보, 인맥, 자격증이다. 편인은 의심이 많고 예민해서 스스로 직접 공부하고 증명한 후에 믿는다. 편인은 사람이든 정보이든 쉽게 믿지 않기에 조심스럽게 행동하고 말한다. 정인(正印)이 주어진 지식과 정보를 객관적 데이터로 믿는다면, 편인은 객관 자체도 주관이라고 생각하고 기존의 지식과 정보를 의심하고 자기 경험과 느낌을 더 중요하게 생각한다. 정인이 여러 사람과 관계 맺고 잘 지낸다면, 편인은 몇 사람하고만 깊은 인간관계를 맺는다.

인성(印星)은 어머니이다. 편인의 어머니는 정인의 어머니보다 자식 일에 심하게 간섭한다. 정인의 어머니는 자식을 있는 그대로 인정하고 자식의 욕구를 이해하고 키운다면, 편인의 어머니는 자식을 자기식대로 키우려고 하기에 자식과 갈등이 있다. 신미 일주 편인이 어머니의 간섭을 심하게 받으면 신경증적으로 자란다. 어머니 눈치를 보면서 자라기에 신미 일주 편인은 사람들 눈치를 보고, 살기 위해 꼭 필요한 인간관계만 맺는다.

신미 일주 편인의 십이운성은 쇠지(衰支) 반안살(攀鞍煞)이다. 쇠지는 인생을 많이 경험한 사람의 포용력과 노련함이다. 쇠지 반안살은 안정된 심리이다. 편인 쇠지는 사회에서 인정받는 지식인, 전문가, 연구원, 창작인의 직업을 가지면 무난하게 산다. 쇠지는 생활의 경험이 많은 숙련가(熟練家)이다. 일주(태어난 날)가 쇠지 반안살이면 심리적으로 편안하다. 쇠지는 넓은 아량이고, 반안살은 말 안장에서 널리 세상을 구경하는 여유로움이다.

신미 일주가 합을 하는 운은 병오(丙午) 운이다. 병오 운이 오면 병신합수(丙辛合水), 오미합화(午未合火)를 해서 사회적으로 일운과 명예운이 좋아진다. 신미 일주가 충(沖) 하는 운은 을축(乙丑) 운과 정축(丁丑) 운이다. 을축 운과 정축 운이 오면 신미 일주는 을신충(乙辛沖), 정신충(丁辛沖), 축미충(丑未沖)을 하기에 건강, 운전, 말, 돈, 인간관계를 조심해야 한다. 충 하는 운에서는 입원, 수술, 사건사고, 손재수, 관재수, 구설수가 있다.

지지의 미토가 사오미 방합, 해묘미 삼합, 오미합화를 할 때는 재물운과 명예운이 좋아진다. 합은 공생과 협력으로 살아남는 융통성이다. 미토가 축술미(丑戌未) 삼형살을 짜면 구설수, 관재수, 수술수, 소송수가 일어날 수 있으니, 삼형살 운에서는 매사 조심하고 자기 절제를 해야 한다. 미토는 인미귀문(寅未鬼門), 자미원진(子未元嗔)을 짜니까 인목이나 자수가 들어오는 운에서는 마음 관리를 잘해야 한다. 귀문관살은 신경이 날카롭고 예민하며, 원진살은 싸움을 한다. 신미 일주 편인은 공부해서 전문적인 일을 해야 편안하게 인생을 산다.

09. 임신 일주 편인(偏印)

임신(壬申) 일주 편인은 줄지 않는 물줄기이다. 신금(申金)의 지장간에 무임경(戊壬庚)이 있다. 임수에게 무토는 편관, 임수는 비견, 경금은 편인이다. 무토 편관과 경금 편인이 관인상생(官印相生)을 해서 임수 비견을 돕기에 임신 일주는 어디를 가도 상황에 적응하며 살아남는다. 관인상생은 주어진 질서와 만나는 사람에 따라 유연하게 적응하며 화합한다.

신금(申金)의 지장간 무토 편관은 임수 물을 저장하는 댐이고, 임수 비견은 임수를 돕는 건강함, 자립심, 인맥이다. 경금 편인은 임수 물의 근원으로 조력자, 인덕, 자격증이기에 임신 일주는 자기 주체적으로 환경에 맞추면서 어디를 가도 자기 실력과 의지력으로 살아남는다.

편인은 정인보다 부모복이 약하다. 정인이 온전하게 부모복을 받는다면, 편인은 부모에게 학대받기도 하고 사랑받기도 한다. 편인의 어머니는 신경질적이어서 자식을 불안하게 만든다. 편인의 어머니는 변덕이 심해서 어떨 때는 자식에게 잘하고 어떨 때는 자식을 괴롭힌다.

편인은 편부(偏父)나 편모(偏母)에게 자랄 수 있다. 편인은 어머니나 윗사람의 눈치를 보면서 자라기에 속마음을 숨기고 타인의 비위를 맞추며 사는 사회성이 있다.

편인은 어려서부터 눈치 보면서 자라기에 자기 속마음을 내보이지 않고 타인과 갈등 없이 지낸다. 편인은 자기 기준이 확고해서 타인 때문에 휘둘리지 않고, 자기 욕망을 절제하고 큰 욕심을 부리지 않는다. 편인은 인생이 자기 뜻대로 되는 게 아님을 일찍 터득하기에 자기만의 생활 철학이 있고, 기성세대인 어른 말을 믿지 않고 자기 인생을 자기 철학으로 만들어간다. 편인은 성년(成年)이 되면 누구도 의지하지 않고 자기만 믿기에 주체성이 강하다. 편인은 겉으로 보기에 사회생활을 무난하게 하는 것 같아도, 속으로는 세상이 냉정하고 이해타산적인 정글이라고 생각한다.

임신 일주 편인의 십이운성은 장생(長生)이다. 장생은 신체가 건강하고 삶을 긍정적으로 산다. 장생은 시련과 고통이 있어도 낙관적으로 헤쳐나가는 생명력이다. 장생은 병에 걸려도 잘 나으며, 버티는 체력과 정신력이 좋다. 일주(태어난 날)가 장생이면 천진한 마음으로 세상을 밝게 보며, 뭐든 하면 잘될 거라는 낙관주의자이다. 편인 장생은 상황에 유연하게 타협하는 똑똑이로 세상의 위계질서에 전략적으로 순응한다.

임신 일주 편인은 매여 사는 삶을 싫어하지만, 먹고살기 위해 위계질서를 지키는 편이고 이해타산이 빨라서 사람과 일정 거리를 두고 서로에게 이익이 되려고 한다. 편인 장생은 공부하고 배우는 일을 좋아하기에 자기 만족적이고, 현실적이고 실리적으로 인간관계를 맺으며 소박하고 확실한 행복을 추구한다. 인성(印星)은 윗사람의 보호나 인덕(人德)이기에 일주가 정인이나 편인이면 인복(人福)이 있다.

임신 일주 편인과 합하는 운은 정사(丁巳) 운이다. 정사 운이 오면 천간으로 정임합목(丁壬合木), 지지로 사신합수(巳申合水)가 되어 직업운과 건강운이 좋아진다. 임신 일주와 충(沖) 하는 운은 병인(丙寅) 운과 무인(戊寅) 운이다. 병인 운과 무인 운이 오면 임병충(壬丙沖), 임무충(壬戊沖), 인신충(寅申沖)을 한다. 충을 할 때는 건강이 약해지고, 직업 변동, 이사, 움직임이 있다. 충 하는 운이 오면 건강, 교통사고, 수술, 소송수가 있으니까 돈, 말, 행동, 운전을 조심해야 한다.

지지의 신금(申金)은 신유술 방합, 신자진 삼합, 사신합수를 한다. 합은 상황에 맞게 변해서 살아남는 적응력이다. 신금이 인신충(寅申沖)이나 인사신(寅巳申) 삼형살을 짤 때는 건강, 말, 행동을 조심해야 한다. 형살(刑煞)은 감옥에 갇히거나 병원에 입원하는 운이기에 삶의 운신 폭이 좁아진다. 신금(申金)이 묘목(卯木)을 만나면 원진살과 귀문관살을 짜기에 우울하거나 불안하다. 사신파(巳申破)는 사신합수(巳申合水)을 먼저 하기에 작용이 약하고, 신해해(申亥害)도 금생수(金生水)를 하기에 해(害)의 해로움이 약하다.

인신사해(寅申巳亥)는 계절을 시작하는 기운으로 움직임이 활발한 역마살이기에 변화, 변동, 사건, 사고가 생길 수 있다. 역마살은 적극적인 활동력으로 인생 경험을 다양하게 하며 여행을 좋아하고 변화를 즐긴다. 임신 일주는 사람들과 잘 맞추면서 서로에게 필요한 존재가 되려고 노력한다.

10. 계유 일주 편인(偏印)

계유(癸酉) 일주는 하얀 이슬, 백로(白露)이다. 계유 일주는 맑은 물이기에 차갑고 냉정하다. 감성적이기보다는 이성적으로 생각하고 말하고 행동한다. 유금(酉金)의 지장간에 경신금(庚辛金)이 있어서 계수(癸水)는 정인과 편인 둘 다 사용한다. 정인은 합리적 이론적 지식이고, 편인은 실리적 실제적 지식이다. 인성(印星)은 보호자, 어머니, 지식, 정보, 자격증, 졸업장, 기술, 재능이며 주어진 사회 질서에 맞춰 산다.

인성(印星)은 인정받기, 사랑받기, 보호받기이다. 인성은 어머니다. 어머니는 자식을 위해 희생한다. 그런데 사주에 인성이 네 개 이상이면 어머니가 알아서 해주겠거니 하는 의존심(依存心)이 있고, 만사 태평이고, 잠이 많고, 게으르다. 네 개 이상의 인성은 관성의 기운을 다 빼버려서 관인상생(官印相生)을 하지 못하고 어른 말을 듣지 않고 제멋대로 살다가 외톨이가 될 수 있다. 인성은 사주에 두 개 정도가 좋다. 두 개의 인성은 주어진 사회에 적응하고 사람들과 타협하면서 산다.

정인(正印) 어머니는 일간(나)을 온전히 돕고 일간의 개성을 존중해 주고 꿈을 이루어주기 위해 물심양면으로 자식을 사랑한다. 일간 입장에서 정인 어머니이면 무탈하게 자라서 성인(成人)이 된 후 관인상생 하면서 사회생활을 잘할 수 있다. 편인(偏印) 어머니는 자식을 온전히 사랑하지 않고, 자식에게 대가를 요구하고, 자식을 자기식대로 지배하고, 자식에게 잔소리가 심하고, 자식을 좌지우지해서 자식이 커서도 사람들 눈치를 보게 만든다. 사주에 편인이 많으면 편부(偏父)나 편모(偏母)에게 자랄 수 있다.

계유 일주 편인은 똑똑하고 눈치 빠르고 의심이 많다. 계유 일주는 삶의 힘듦을 알고, 인생의 시련과 고난을 자기 혼자 힘으로 버텨낸다. 어른에게 기대지 않고 스승 없이 독학하며 자기 생각과 느낌으로 세상을 살아가는 독립성이 강하다. 계유 일주 편인은 철학자, 작가, 연구원, 학자, 교수, 의약사(醫藥士), 선생님 일을 잘할 수 있다. 계유 일주 편인이 공부하는 직업에 종사하지 못하면, 편인이 식신(食神)을 도식(徒食)하기에, 직업 변동이 잦고, 나중에는 자영업을 하게 된다. 일주가 편인이면 공부해서 자격증을 따서, 전문직으로 사는 게 좋다.

계유 일주 편인의 십이운성은 병지(病支)이다. 병지는 아픈 마음으로 우울하거나 불안증에 시달린다. 편인 병지는 아는 게 많고 세상 이치를 꿰뚫는 말도 잘하지만, 행동력이 약하다. 실천력이 약하기에 말은 옳은 말을 해도 실질적인 열매는 얻기 힘들다. 그래서 편인 병지이면 공부해서 전문 지식인이 되어야 한다. 편인 병지는 사람의 아픈 마음을 이해하기에 상담사, 진로 지도사, 심리학자, 정신과 의사를 하면 좋다. 편인 병지는 상대적 관점으로 사람을 이해하는 배려심이 있다.

편인 병지는 지적이고 합리적이고 논리적으로 설명도 잘하기에 사람을 설득하는 언변가나 변호사나 작가나 교수 일도 잘한다. 사람을 위로하고 연민하는 명리학자 일도 편인 병지가 잘할 수 있다.

계유 일주와 합이 되는 운은 무진(戊辰) 운이다. 무진 운이 오면 무계합화(戊癸合火), 진유합금(辰酉合金)이 되어서 재물운과 건강운이 좋아진다. 계유 일주와 부딪치는 운은 기묘(己卯) 운과 정묘(丁卯) 운이다. 계유 일주는 기묘 운이 오면 계기충(癸己沖), 정화 운이 오면 정계충(丁癸沖)을 해서 건강이 약해지거나 사건 사고가 생길 수 있으니 조심해야 한다. 지지로 묘유충(卯酉沖)이 되면 묘목에 해당하는 관절, 뼈, 척추, 사지(四肢), 머리가 아플 수 있고, 유금에 해당하는 폐, 대장이 아플 수 있다.

지지의 유금이 신유술 방합, 사유축 삼합, 진유합금을 할 때는 건강운과 문서운이 좋게 흐른다. 유금이 묘목과 묘유충(卯酉沖)을 할 때는 건강관리를 잘해야 한다. 유금이 자수와 자유파(子酉破)를 할 때는 금생수(金生水)도 되기에 파(破)는 약하게 작용한다. 유술해(酉戌害)는 유술합으로 가기에 해(害)의 작용도 미미하다. 유금은 인목과 인유(寅酉) 원진이 있고, 자수와 자유(子酉) 귀문이 있다. 원진과 귀문 운에서는 스트레스에 약해서 우울증과 불안증을 앓을 수 있으니 마음 관리를 해야 한다. 계유 일주는 공부해서 자격증을 따서 전문 지식인으로 살아야 삶을 무난하게 살 수 있다.

11. 갑술 일주 편재(偏財)

갑술(甲戌) 일주 편재는 가을에 습기 없이 하늘로 쭉 뻗은 나무로 햇살과 뿌리내릴 땅만 있어도 잘산다. 갑술 일주는 아름다운 단풍나무이다. 갑술 일주에게 필요한 오행은 다정한 햇살 불기운과 조금의 물기운이다. 물기운은 천간으로 임계수(壬癸水)인데, 임수는 술토의 지장간 정화와 정임합목(丁壬合木)이 되고, 계수는 술토의 지장간 무토와 무계합화(戊癸合火)가 되어서 물기운으로 도움이 약하기에, 지지(地支)에서 물기운이 있는 해자축진신(亥子丑辰申)이 도움이 된다.

편재(偏財)는 일을 열심히 해서 번 돈으로 정재(正財)보다는 들고 나는 수입과 지출의 폭이 크다. 편재는 많이 벌 때는 많이 벌고, 적게 벌 때는 적게 버는 돈으로 불안정한 돈이다. 정재가 안정적 수입이라면, 편재는 불안정한 수입으로 큰돈도 되고 적은 돈도 된다. 편재나 정재나 돈을 벌기 위해 성실하고 근면하게 일하는 부지런함이다.

갑술 일주 술토는 마른 흙으로 나무의 한살이를 완성하고, 열매를 맺고, 아름다운 단풍을 만든다. 술토의 지장간에 신정무(辛丁戊)가 있는데, 갑목 입장에서 신금(辛金)은 정관, 정화는 상관, 무토는 편재이다. 갑목은 신금(辛金) 정관에게 조정 당하며 잘 자라는 나무가 된다. 정화(丁火) 상관이 신금(辛金) 정관을 극 하기보다는 정화 상관이 무토 편재로 상관생재(傷官生財)를 하기에 갑술 일주는 부지런히 일하며 산다. 사주는 생(生)이나 합(合)을 충(沖)이나 극(剋)보다 먼저 한다.

갑술 일주는 겨울나기를 준비하는 나무이다. 고독에 강하고 혼자 하는 일을 잘하고 마무리를 잘한다. 갑술 일주 편재가 일을 열심히 하고 저축을 잘하면 부자가 될 수 있다. 편재는 돈도 잘 벌지만 쓰기도 잘해서 돈이 없거나 모자랄 수 있기에 저축으로 돈을 관리해야 부자가 된다. 갑술 일주 편재는 일을 쉬지 않고 하기에 돈을 번다. 번 돈을 관리만 잘하면, 돈 걱정은 하지 않아도 된다. 그러나 일을 하느라고 체력이 약해지기에 건강관리를 잘해야 한다.

지지의 진미술축(辰未戌丑)에서 진토는 봄 땅으로 생명을 낳고 키우고, 미토는 여름 땅으로 생명체를 완전하게 키운다. 술토는 가을 땅으로 잘 자란 생명체를 수확하고, 축토는 겨울 땅으로 건강하고 좋은 수확물을 보관하는 창고 역할을 한다. 갑술 일주는 건강하고 좋은 생산물은 거두고, 약하고 쓸모없는 종자는 버리기에 합리적이고 현실적이다.

갑술 일주 편재의 십이운성은 양지(養支)이다. 양지는 보호받으며 자라기에 수동적이고, 얌전하고, 큰 말썽 없이 어른들이 시키는 대로 산다. 양지는 보수적이고 변화를 싫어하고 현상 유지를 좋아한다. 양지는 부모의 유산을 물려받을 수 있고, 남들을 부러워하지 않고 자족하면서 산다. 편재 양지는 노름이나 투기만 하지 않으면 경제적으로 사는 일이 무탈하다.

　갑술 일주와 합이 되는 운은 기묘(己卯) 운이다. 기묘 운이 오면 갑기합토(甲己合土)와 묘술합화(卯戌合火)를 하고, 상관생재(傷官生財)를 해서 일운과 재물운이 좋아진다. 갑술 일주와 부딪치는 운은 경진(庚辰) 운과 무진(戊辰) 운이다. 경진 운과 무진 운이 오면 갑술(甲戌) 일주가 갑경충(甲庚沖), 갑무충(甲戊沖), 진술충(辰戌沖)을 하기에 갑목에 해당하는 간, 담, 췌장, 뇌(腦)가 약해지고, 술토에 해당하는 소화기계가 병이 난다.

　지지의 진술충은 진토(辰土)는 아침이고, 술토(戌土)는 저녁이기에 진토의 아침과 술토의 저녁이 부딪친다. 진토는 임수의 묘지이고, 술토는 병화의 묘지라서 임수(壬水) 물과 병화(丙火) 불이 부딪치면 체력이 약해진다. 갑술 일주 편재는 꾸준히 운동하면서 건강관리를 해야 한다.

　술토(戌土)가 신유술 방합, 인오술 삼합, 묘술합화를 할 때는 갈등 없이 순조롭게 산다. 합은 조화롭게 중화의 길을 간다. 토 기운끼리 형충파해하면, 지장간은 부딪쳐서 사라지지만 토 기운은 잔존하기에 토 기운으로 해석하면 된다. 술미파(戌未破)는 축술미 삼형살보다 피해가 크지 않고, 유술해(酉戌害)는 유술합(酉戌合)도 되기에 큰 해로움이 없다. 술토는 사화(巳火)와 원진살, 귀문관살을 짜기에 사화 운에서 말, 행동, 인간관계를 조심해야 한다. 갑술 일주 편재 양지(養支)는 겨울나기를 준비하는 나무로 비축할 건 비축하고 버릴 건 버리는 지혜로움이 있다.

12. 을해 일주 정인(正印)

 을해(乙亥) 일주 정인(正印)은 해수(亥水)의 지장간 무갑임(戊甲壬)이 재물운과 인맥운과 명예운이 되어주기에 살기 좋은 꽃나무이다. 해수(亥水)의 지장간 무갑임(戊甲壬)은 을목 입장에서 무토는 정재, 갑목은 겁재, 임수는 정인이다. 을목에게 무토는 을목이 뿌리내릴 수 있는 재산인 흙이고, 갑목은 을목에게 도움이 되는 조력자 인맥이고, 임수는 을목을 잘 자라게 하는 지원자로 수분이다.
 을해 일주는 사주에 병정화(丙丁火) 불기운만 있다면 세상 부러울 게 없다. 을목에게 병화는 상관이고, 정화는 식신이지만, 병정화를 적절하게 다스릴 해수 물기운이 지지에 있어서, 을목이 병정화 식상을 잘 써서 식상생재(食傷生財)를 하면 생활력 좋은 능력자가 된다. 을해 일주에게 병정화 식상은 해수(亥水) 인성(印星)에게 관리당하기에 좋은 쪽으로 움직일 수 있다.
 상관(傷官)은 위계질서나 사회 시스템에 반항하며 자기 생각과 느낌을 솔직하게 말해서 구설수(口舌數)와 관재수(官災數)를 일으킨다.

정인(正印)은 주어진 현실을 받아들이기에 구설수와 관재수를 일어나지 않게 제압한다. 상관이 주관적 감정적이라면 정인은 객관적 이성적이다. 정인은 자기 과신으로 나대는 상관을 적절하게 제압해서, 상관이 상관생재(傷官生財) 하는 쪽으로 움직이게 한다. 사주에 상관이 많으면 상관생재하는 재성이 있거나, 상관을 제압하는 인성이 있어야 상관이 좋은 방향으로 움직인다. 정인은 상관의 재능을 더 뛰어나게 만들 수 있다.

을해 일주 정인은 사회생활에서 인정받고 인간관계에서 사랑받는다. 정인은 사랑하고 사랑받는 상호관계이다. 정인은 관인상생(官印相生)을 좋아하기에 사주에 관성이 있으면 좋다. 관성의 생을 받은 정인은 합리적 지식과 정보로 사회생활을 하며 인간관계를 객관적으로 한다. 관인상생은 사회 질서를 지키며 관계의 위계질서에 복종한다. 정인은 주어진 사회의 위계 구조에 반항하지 않고 순응한다.

정인은 인자한 어머니이기에 일주가 정인이면 어머니의 보호가 좋고, 어른들에게 사랑받고 인덕이 있고, 착하게 살며 모범적이고 윤리적이다. 그러나 사주에 정인(正印)과 편인(偏印)을 합쳐서 네 개 이상이면 의존심이 많고, 우유부단하며, 게으르고, 잠이 많고, 무사태평하고 책임감이 없다. 이럴 때는 재성(財星) 운이 와서 재극인(財剋印)으로 인성을 조절해야, 인성이 정신 차리고 사회생활을 제대로 한다.

을해 일주 정인의 십이운성은 사지(死支)이다. 을목이 해수에서 사지가 되는 이유는 해수가 양력 11월로 입동(立冬)과 소설(小雪)이 있어서 꽃나무(을목)가 얼어 죽기 때문이다. 양력 11월쯤이면 지상의 꽃들은 씨앗이나 뿌리로 변해서 땅속으로 들어간다. 그래서 을해 일주 정인이 십이운성으로 사지이다. 이럴 때 병정화 불기운이 있다면 을해 일주 꽃나무는 땅속에서 따뜻하게 겨울나기를 할 수 있기에 사주에 병정화가 있어야 을해 일주는 사는 일이 무탈하다.

을해 일주와 합이 되는 운은 경인(庚寅) 운이다. 경인 운이 오면 을해 일주는 경을합금(庚乙合金)이 되어 씨앗이나 종자로 변해서 보호받고, 인해합목(寅亥合木)이 되어서 건강 운이 좋아진다. 을해 일주와 충(沖) 하는 운은 신사(辛巳) 운과 기사(己巳) 운이다. 신사 운과 기사 운이 오면 천간은 을신충(乙辛沖), 을기충(乙己沖), 지지로는 사해충(巳亥沖)을 하기에, 을해 일주가 신사(辛巳) 운이 들어올 때는 골절을 조심하고, 두통도 관리하고, 심혈관계도 관리하고, 신장이나 생식기계 질병을 관리해야 한다.

지지의 해수가 해자축 방합, 해묘미 삼합, 인해합목(寅亥合木)을 하는 운에서는 상황에 협력하면서 산다. 합은 자기 고집을 내려놓고 상황에 적응해서 모두가 잘사는 방향으로 움직인다. 해수가 해해형(亥亥刑), 사해충(巳亥沖)을 할 때는 건강, 운전, 말, 인간관계를 조심해야 한다. 인해파(寅亥破)는 인해합목(寅亥合木)을 먼저 하기에 작용이 약하다. 신해해(申亥害), 진해원진(辰亥元嗔), 진해귀문(辰亥鬼門)의 운에서는 마음을 관리해야 우울증이나 불안증을 겪지 않는다.

을해 일주 정인은 자기 힘으로 살아내는 독립심이 있고, 인간관계를 부드럽게 하고, 갈등을 피하고 협력적으로 살며, 자기 자족감이 높다. 을해 일주는 조용하고 은근하고 끈기가 있다.

13. 병자 일주 정관(正官)

　병자(丙子) 일주는 호수에 뜬 태양이다. 병화(丙火)는 태양 불기운이고, 자수(子水)는 계수(癸水) 물기운으로 호수, 저수지, 식수이다. 호수에 뜬 태양이기에 풍경이 아름답고 낭만적이다. 병자 일주는 정관(正官)이다. 정관은 올바름, 모범, 정직함, 규율, 정규직, 단체 생활의 의미로 시민 질서를 지키며 산다.
　정관은 예로부터 정식 관리로 국가 일이나 공무(公務) 일이다. 일주(태어난 날)가 정관이면 공무원이나 회사원으로 사는 게 편하다. 일주 정관이 사업을 하거나 예체능 같은 자유로운 직업의 일을 하면 고생할 수 있다. 일주 정관은 고지식하고 보수적이기에 사업을 하면 시대 변화를 따라가지 못해서 자기 이익을 손에 쥐지 못할 수 있다. 정관은 조직에 충성하고 주어진 상황에 순응하는 일을 더 잘한다. 정관은 사업보다는 월급 받는 일이 좋다.
　일주 정관이 사업을 하려면 자기 규모에 맞게 해야 한다. 정관은 꼼꼼하고 알뜰하기에 대출하거나 빚을 지면서 사업을 하면 근심 걱정으로 마음에 병이 들거나 몸이 아플 수 있다. 정관이 조직 질서 밖에서 살면, 자기 창조성이 약하기에 자기를 괴롭히면서 피곤하게 산다. 정관은 주어진 일만 성실하게 하는 직업을 가져야 편하다.

여자 일주 정관이면 남편에게 잘한다. 정관은 여자에게 남편이다. 일주 정관 여자가 결혼하려면 정규직으로 월급을 받는 공무원이나 회사원의 남자가 좋다. 일주 정관 여자가 사업하는 남편을 만나면 남편 때문에 고생할 수 있고, 자기가 돈을 벌기 위해 직업을 가져야 한다. 일주 정관 여자가 돈을 잘 벌지 못하는 남편과 살면 자기가 직업 생활을 해서 가정을 꾸려나갈 수 있고, 남편을 먹여 살릴 수 있다.

남자 일주 정관이면 자식에게 잘한다. 남자에게 정관은 자식이기에, 남자 일주 정관은 자식을 위해서 열심히 살고 자식을 잘 키운다. 정관은 합리적 이성적으로 사회생활을 하고, 인간관계에서 예의 있게 행동하기에 자식도 아버지를 본받아 잘 자랄 수 있다. 남자 일주 정관도 회사원이나 공무원으로 월급 생활을 하는 게 인생 편하다. 정관은 직장생활을 잘하는 편이다. 정관이 사업을 해서 돈이 들쭉날쭉하면 사는 게 스트레스이다. 정관은 사회에서 통용되는 인생길을 간다. 정관이 사업하다가 망하면 몸이 아프거나 마음의 병을 얻을 수 있다.

병자 일주의 자수 지장간은 임계수(壬癸水)이다. 병화 입장에서 편관과 정관으로 관성의 제약을 받는다. 편관은 스트레스를 버티는 인내심으로, 정관은 사회에 순응하는 착실함으로 사회생활을 한다. 병화 입장에서 관성 임계수를 관인상생하는 인성 갑을목(甲乙木)이 사주에 있으면 좋다. 관성은 인성을 만나야 일간을 직접 극 하지 않고 관인상생으로 일간을 돕는다. 관성은 관인상생으로, 재성은 식상생재로 움직여야 명예운과 재물운이 좋아진다.

　병자 일주 정관의 십이운성은 태지(胎支)이다. 태지는 엄마 뱃속 아기로 보호자에 의해 키워진다. 태지는 보호해주는 보호자의 말을 잘 듣는다. 보호자는 어머니, 조력자, 인덕으로 일간(태어난 날의 '나')을 돕는다. 태지 정관은 어른 말을 잘 듣고, 위계질서에 복종하며, 규율을 지킨다. 태지는 주어진 상황에 반항하기보다는 순종하는 지혜로움이다.

　병자 일주와 합이 되는 운은 신축(辛丑) 운이다. 신축 운이 오면 병신합수(丙辛合水), 자축합토(子丑合土)가 되어 승진운과 노력운이 좋아진다. 병자 일주와 충이 되는 운은 경오(庚午) 운과 임오(壬午) 운이다. 경오 운과 임오 운이 오면 경병충(庚丙沖), 병임충(丙壬沖), 자오충(子午沖)이 되어 수술수, 손재수, 관재수, 구설수가 있을 수 있으니 매사 조심해야 한다.

　병자 일주 지지의 자수가 해자축 방합, 신자진 삼합, 자축합토를 할 때는 합의 기운으로 협력하지만, 차가운 기운이라서 건강을 관리해야 한다. 자수는 자묘형(子卯刑), 자오충(子午沖), 자유파(子酉破), 자미해(子未害), 자미원진(子未元嗔), 자유귀문(子酉鬼門)을 짠다. 병자 일주는 묘목, 유금, 미토가 들어오는 운에서는 말, 행동, 사람, 돈을 조심해야 한다. 병자 일주는 집안에 화초를 키우는 취미가 도움이 된다. 초록색, 연두색, 노란색 옷을 입어도 좋다. 병자 일주는 심혈관계가 약해서 병이 날 수 있으니 평소에 숲길 걷기 운동이 좋다.

14. 정축 일주 식신(食神)

정축(丁丑) 일주 식신(食神)은 먹을 복이다. 식신은 음식의 신(神)으로 먹고사는 활동력이며 생활력이다. 식신은 큰 부자는 되지 못해도 자기 먹을 것을 버는 능력으로 남에게 피해 주지 않고 산다. '비견, 겁재, 식신, 상관, 정재, 편재, 정관, 편관, 정인, 편인' 십성에서 식신을 비견이 생(生) 해 준다면 식신은 자수성가한다.

식신은 먹을 복이기에 일해서 먹을 것을 취하는 부지런함이다. 식신은 주는 사랑이기에 사람들에게 친절하고 상냥하다. 식신은 일을 무서워하지 않기에 식신생재(食神生財)할 수 있다. 식신은 사람들과 잘 지내는 즐거움이다. 여자 입장에서 식신과 상관은 자식인데, 여자 일주가 식신이나 상관이면 자식을 잘 키운다. 여자 일주가 식신과 상관이면 남편의 도움 없이 집안을 이끌어가는 가장이다. 식신과 상관은 자식을 사랑하듯이 사람들에게 동정심이 많고, 친절하고 다정하다. 남자 일주가 식신과 상관이면 여자에게 잘해주기에 바람기가 있다고 보면 된다.

인성이 공부해서 자격증으로 전문적인 일을 한다면, 식신은 몸을 움직이는 활동력으로 무슨 일이든 열심히 한다. 식신은 의식주를 해결하는 능력으로 무위도식(無爲徒食)하지 않는다. 자기가 일한 만큼 소득에 자족하면서 알뜰하게 산다. 식신은 생활력의 에너지이기에 사주에 비견과 겁재가 하나쯤 있어서 식신을 생(生) 해야 건강하다. 비겁이 식신을 생하고 식신이 재성을 생하면 돈을 번다. 식신을 극하는 인성(印星)을 도식(徒食)이라고 하는데, 인성이 식신을 직접 극 하지 못하게 막는 것도 비겁이다. 인성의 생을 받는 비겁이 식신을 생하면 식신은 식신생재를 해서 서민 갑부도 될 수 있다.

  정축 일주 축토의 지장간에 계신기(癸辛己)가 있다. 정화 입장에서 계수는 편관, 신금은 편재, 축토는 식신이다. 정축 입장에서 편관으로 괴롭힘당해도, 식신이 편관을 제압하고, 편재를 생하면 식신생재, 재생관(財生官)으로 순행(順行)하기에, 정축 일주는 사는 일이 안정적으로 흐른다. 다만 정축 일주 식신이 어둠 속에서 빛을 잃지 않으려면 겁재 병화(丙火)와 인성 갑을목(甲乙木)이 정화를 생(生) 해야 좋다.

  정축 일주에게 병화 겁재는 정화를 도와서 불기운이 꺼지지 않게 돕고, 갑을목 인성(印星)은 정화의 땔감이 되어서 정화의 불을 밝게 한다. 사주 연월시주(年月時柱)에 병화나 갑목이 있다면 정축 일주는 사회에서 성공한다. 정화 입장에서 임수는 정임합목(丁壬合木)을 하기에 계수가 좋고, 경금도 있으면 좋다. 정화에게 경금 정재는 정화가 녹여 쓸 수 있는 보물로 천연자원이다. 정화에게 경신금이 있다면 정축 일주는 열심히 일해서 부자가 될 수 있다.

  정축 일주 식신의 십이운성은 묘지(墓支)이다. 묘지는 얌전하게 자기 할 일 하면서 산다. 묘지의 불기운이 꺼지지 않으려면 병정화와 갑을목이 있어야 한다. 정화에게 축토 속의 지장간 신금(辛金)이 편재라서 정화는 신금을 녹여서 돈을 벌 수 있다. 식신이 묘지이면 주어진 자기 할 일을 착실하게 하며 현실에 적응하는 살림꾼이다. 정축 일주 여자는 현모양처일 가능성이 있다. 축토의 지장간에 편관 계수 남편도 있고, 식신 기토 자식도 있기에, 남편과 자식을 잘 키울 수 있지만. 체력은 약해서 건강관리에 힘써야 한다.

　정축 일주가 합이 되는 운은 임자(壬子) 운이다. 임자 운이 오면 정임합목(丁壬合木)으로 인덕과 문서운이 좋아지고, 자축합토(子丑合土)로 일운이 좋아진다. 정축 일주가 충(沖) 하는 운은 계미(癸未) 운과 신미(辛未) 운인데, 계미 운과 신미 운이 오면 정계충(丁癸沖), 정신충(丁辛沖), 축미충(丑未沖)을 하기에 건강, 돈, 운전, 말, 행동, 인간관계를 조심해야 한다.

　정축 일주 축토가 사유축(巳酉丑) 삼합, 해자축(亥子丑) 방합, 자축합토를 할 때는 상황에 순응해서 협력해서 살아간다. 축토가 축술미(丑戌未) 삼형살, 축미충(丑未沖), 축진파(丑辰破), 축오해(丑午害), 축오원진(丑午元嗔), 축오귀문(丑午鬼門)을 짤 때는 축토에 해당하는 소화기계나 오화에 해당하는 심혈관계가 약해지기에 건강관리에 힘써야 하고, 소송수, 관재수, 손재수가 있을 수 있으니까 매사 조심해야 한다. 정축 일주 식신은 자수성가하며 먹고 사는 능력이 있고 끈기 있고 성실하고 알뜰하다.

15. 무인 일주 편관(偏官)

　무인(戊寅) 일주 편관은 무인(武人)처럼 장군 이미지이다. 편관은 삶의 스트레스를 버티는 인내심으로 잘 버티면 훌륭한 관리가 되고, 버티지 못하면 사회에서 이일 저일 하면서 직업이나 일로 변화 변동을 겪으며 불안정하게 산다. 정관(正官)이 조직에 적응해서 합리적으로 산다면, 편관(偏官)은 스트레스받으면서 조직에 적응하기에 병(病)이 날 수 있다. 관성(官星)은 일간(나)을 제압하는 제도, 규율, 질서, 위계, 도덕, 윤리, 의무이다. 관성은 주어진 사회 시스템으로 개인이 지켜야 하는 시민 윤리이다.

　사람은 먹고살기 위해 질서에 순응하거나 혹은 반항하면서 자기 위치를 결정하고 자기 신분에 맞게 행동하고 말한다. 관성은 개인을 조직에 맞게 변화시킨다. 관성은 개인보다 조직을 우선시하고, 개인 단위보다 가족, 단체, 국가 같은 큰 단위를 중요하게 생각한다. 관성은 국가나 단체를 위해 희생한 개인에게 안정적인 삶을 살게 한다. 관성은 규율에 복종하기에 겁이 많고, 때로는 우울증이나 불안증으로 시달린다.

관성은 사회화 능력이다. 관성은 조직 질서를 지키는 합리성과 책임감으로 개인의 욕망을 절제하고 타인과 화합해서 살려고 한다. 관성은 위계 관계와 상하관계를 잘한다. 관성이 있어야 눈치 빠르게 인간관계를 하고, 자기 위치가 어디인지 파악하고 굴복할 때 굴복하고 지배할 때 지배한다. 관성은 대인관계를 잘하게 하고, 적자생존을 하게 하는 위계질서이다. 개인은 관성의 말을 잘 들어야 안정적으로 산다.

무인 일주 지지(地支) 인목의 지장간은 무병갑(戊丙甲)이다. 무토 입장에서 무토는 비견, 병화는 편인, 갑목은 편관이다. 무인 일주는 인목의 지장간 갑목 편관이 병화 편인을 생(生) 하는 관인상생(官印相生)을 하기에 사회적으로 인정받는 삶을 살 수 있다. 관인상생을 한 병화 편인이 무토를 생 해주기에 무인 일주는 사회적 책임감이 강하고 타인과도 잘 지낼 수 있다. 편관이 편인을 생하고 편인이 비견을 생하면 주어진 사회에서 성공할 수 있다.

무인 일주에게 필요한 천간은 임수 편재와 경금 식신이다. 임수 편재는 무토에서 자라는 인목 나무를 기르는 재성으로 부지런함이다. 경금 식신은 무토에서 자라는 나무를 가지치기해주어서 무토가 편안하게 사회생활을 하게 한다. 무토는 갑을목을 키우고, 경신금을 보호하는 산이다. 갑을목을 키우기 위해 임수가 필요하다. 계수는 무토와 무계합화를 하기에 무토에게는 물기운으로 임수가 좋다. 또 갑을목이 너무 자라면 무토가 힘들기에 갑을목을 가지치기해줄 경신금이 있다면 무인 일주는 어디를 가도, 어떤 일을 해도 잘살 수 있다.

무인 일주 편관의 십이운성은 장생(長生)이다. 장생은 건강하게 오래 살고 사회 적응력이 좋다. 무토가 나무를 기르는 산이기에 무토에게 인목 편관은 꼭 있어야 할 관성이다. 무토 입장에서 인목 편관 장생은 편관의 스트레스로 작용하기보다는 무토 산을 더 아름답게 만들어서 무토 산이 사람들에게 사랑받게 한다. 무인 일주 편관 장생은 건강하게 오래 살고, 사회생활에서 기가 죽지 않는다.

 무인 일주와 합이 되는 운은 계해(癸亥) 운으로 계해 운이 오면 무계합화(戊癸合火), 인해합목(寅亥合木)을 하면서 무토 산의 나무가 더 잘 자란다. 합의 운은 상황에 협력하는 중화의 기운이 흐르기에 갈등 없이 산다. 무인 일주와 충하는 운은 임신(壬申)과 갑신(甲申) 운인데, 충이 나쁘게 작용하지 않는다. 임신 운과 갑신 운이 오면 메마른 산인 무인 일주가 촉촉한 빗물과 가지치기할 신금(申金)의 도움으로 산이 가지런해진다. 그래도 충하는 운에서는 건강, 돈, 인간관계, 말, 행동을 조심해야 한다.

 인목(寅木)이 인묘진 방합, 인오술 삼합, 인해합목을 할 때는 타인과 협조하면서 일을 좋은 방향으로 이끌어간다. 인목이 인사해(寅巳害)로 갈 때는 인사신(寅巳申) 삼형살이 되는지 살펴야 한다. 삼형살은 손재수, 관재수, 소송수, 입원수로 작용한다. 인신충(寅申沖)의 운에서도 사건 사고를 조심해야 한다. 인해파(寅亥破)은 인해합목(寅害合木)을 먼저 하기에 작용이 약하다. 인미(寅未) 귀문관살이나 인유(寅酉) 원진살이 올 때는 마음 관리를 잘해야 우울증이나 불안증으로 시달리지 않는다. 무인 일주는 인생을 용감하고 건강하고 밝게 사는 편이다.

part 2

여름

예(禮)로
성장한다

16. 기묘 일주 편관(偏官)

기묘(己卯) 일주 편관은 무인(戊寅) 일주 편관과 편관의 역할이 다르다. 무인 일주 편관은 인목의 지장간에 무병갑이 있어서 관인상생(官印相生)을 해서 편관이 좋은 기능을 하지만, 기묘 일주 편관은 기토를 힘들게 할 수 있다. 관성은 일간을 규제하고 제압하는 법, 질서, 제도이다. 일간이 무조건 복종하는 규율이다. 무인 일주 편관은 관인상생을 하기에 편관의 제압이 부드럽지만, 기묘 일주 편관은 일간을 힘들게 하기에 몸이 약하고 마음의 병을 앓을 수 있다.

기묘 일주는 묘목(卯木)의 지장간 갑을목(甲乙木)이 정관과 편관이다. 기토 입장에서 갑을목에게 복종해야 살아남는다. 갑을목은 생명체를 상징하기에 기토가 인내심과 희생심으로 길러내야 한다. 이런 기묘 일주를 돕기 위해 사주 연월시주(年月時柱)에 무토 겁재와 경금 상관이 있으면 좋다. 무토 겁재는 기토의 체력을 돕고, 경금 상관은 편관 을목과 합을 해서 편관의 힘을 약하게 만들어, 기토를 도울 수 있다. 기토는 갑목 정관과는 갑기합토를 해서 관성의 스트레스를 이겨낼 수 있다.

　기묘 일주에게 부정적인 글자는 임계수(壬癸水)이다. 임계수는 기토에게 관성인 갑을목을 생해서 재생관(財生官)으로 기토의 힘을 빼앗는다. 재생관은 일만 열심히 하면서 사회에 적응하며 살다가 몸이 아플 수 있다. 기토 입장에서 임계수 재성이 갑을목 관성을 키우면 기토는 자기 에너지를 모두 빼앗기게 되어 아플 수 있다.

　음간 을정기신계(乙丁己辛癸)는 정관(正官)과 합을 해서 정관에 순응해서 산다. 명리학에서 음기운(陰氣運)은 여성이기에 양기운(陽氣運)인 남성과 합을 하는 원리가 있다. 양기운(陽氣運)은 남성이기에, 남성은 음기운인 여성 정재와 합을 한다. 여자는 정관과 합을 하고 남자는 정재와 합을 한다. 양간 갑병무경임(甲丙戊庚壬)은 남성을 상징하기에 정재 여성과 합을 한다. 그런데 사주에 정관이나 정재는 하나여야 좋다. 두 개 이상의 정관이나 정재는 바람기로 작용한다.

　기묘 일주 묘목의 지장간은 갑을목이다. 기토 입장에서 갑목은 정관, 을목은 편관이다. 기토는 갑목과는 갑기합토(甲己合土)로 직업운이나 남편운(여자인 경우)이 좋고 안정적인 삶을 산다. 기토에게 을목 편관은 기토가 길러내는 생명체로 기토가 책임져야 할 가정적 사회적 의무이다. 기토 입장에서 을목 편관은 기토 땅을 풍성하게 만들기에, 을목 편관이 기토에게 좋은 직장운이 될 수 있다.

　일주가 편관이면 체력과 건강이 약하다. 일주가 편관이면 사주의 연월시주(年月時柱)에 비겁이 있어서 편관의 제압을 받아내거나, 식상이 있어서 편관(스트레스)을 조절하면 좋다. 혹은 인성(印星)이 있어서 편관과 관인상생을 해서 일간을 돕는 것도 좋다. 사주의 연월시주에 비겁, 식상, 인성이 없고, 재성과 관성만 있다면 기토 일주는 항상 건강관리를 잘해야 한다.

기묘 일주 편관의 십이운성은 병지(病支)이다. 병지는 여기저기 아프다. 마음도 아프고 체력도 약하다. 병지는 병든 마음이나 아픈 영혼을 이해하는 공감력이 좋다. 사람들을 연민하고 동정하면서 위로하고 격려하는 일을 잘한다. 그래서 일주(태어난 날) 병지는 의약사, 상담사, 교도관, 보호사, 선생님 일을 잘한다. 일주가 병지이면 마음이 약하고 착하고 인간적이다.

기묘 일주와 합하는 운은 갑술(甲戌) 운이다. 갑술 운이 오면 갑기합토, 묘술합화(卯戌合火)를 해서 건강운과 문서운이 좋아진다. 기묘 일주와 충하는 운은 을유(乙酉) 운과 계유(癸酉) 운이다. 을유 운과 계유 운에서 을기충(乙己沖), 계기충(癸己沖), 묘유충(卯酉沖)을 하면 건강운이나 사건 사고수가 있으니 매사 조심해야 한다.

묘목이 인묘진 방합, 해묘미 삼합, 묘술합화를 하면 주어진 상황에 협력하고 타협하면서 무난하게 산다. 묘목이 유금과 묘유충할 때는 관절, 사지, 마디, 두통 같은 질병이 발생할 수 있으니, 평소에 잘 먹고 운동을 꾸준히 하는 게 좋다. 묘목이 자묘형(子卯刑), 오묘파(午卯破), 신묘귀문(申卯鬼門)과 신묘원진(申卯元嗔)을 짤 때는 마음관리를 잘해야 우울증이나 불안증으로 시달리지 않는다. 묘진해(卯辰害)는 묘진합목(卯辰合木)을 먼저 하니까 해의 작용은 미미하다. 기묘일주는 착하고 성실하고 인내심이 강하지만, 몸이 약하니까 체력관리에 힘써야 한다.

17. 경진 일주 편인(偏印)

경진(庚辰) 일주 편인은 진토의 지장간 을계무(乙癸戊)가 무계합화(戊癸合火)도 하고, 천간 경금과 지장간 을목이 경을합금(庚乙合金)도 한다. 합은 화합하고 타협하며 중화한다. 경진 일주는 합이 많아서 어떤 상황에도 잘 적응한다. 경진 일주에게 진토 편인은 재산운이나 명예운도 되기에 성실하게 살면 건물주가 될 수 있다.

정인은 긍정적으로 세상을 받아들이고, 편인은 부정적으로 세상을 받아들이지만, 정인과 편인 둘 다 주어진 현실에 적응한다. 인성(印星)은 보편적으로 통용되는 사회적 삶을 받아들인다. 인성은 어머니인데, 어머니를 바꿀 수 없듯이 인성은 주어진 사회를 바꾸지 못하고 받아들인다. 인성은 일간을 사회화(社會化)하는 조력자이다. 인성은 어머니, 지식, 정보, 자격증, 공부, 건강이다. 인성은 주어진 사회에 이미 형성되어 있는 생활의 기본 조건이다.

인성은 기존 질서를 받아들이면서 산다. 정인과 편인을 굳이 구분할 필요는 없지만, 그래도 구분한다면 정인은 관리, 사무, 행정, 교육,

문과 공부라면, 편인은 실무, 토목, 건설, 연구, 과학, 실험, 이과 공부이다. 편인이나 정인이나 지식과 정보를 다루는 일, 부동산, 재산, 명예, 안정적인 삶, 보호받는 삶이다. 인성은 인간관계에서 갈등하기보다는 화합하며 살려고 한다. 편인은 정인보다 예민해서 의심이 많고 불안증을 앓을 수 있기에 마음 수련도 잘하는 편이다.

편인은 공부해서 전문적인 직업을 갖는 게 좋다. 편인이 전문직으로 일하지 못하면, 편인이 식신을 도식하기에 한 가지 일을 오래 하지 못하고, 직업변동이 몇 번 있을 수 있다. 일주가 편인이면 공무원, 선생님, 교수, 연구원 같은 지식정보 분야에서 자기 전문적인 일을 하는 게 좋다. 편인이 지식정보 분야에서 일하는 전문직이 되지 못하면, 프리랜서나 아르바이트 인생을 살게 된다. 편인은 종교, 상담, 정신과 의사 같은 인간의 심리를 다루는 일을 잘할 수 있기에 인간 관계학이나 심리학 공부를 해도 좋다.

편인과 정인이 사주에 네 개 이상이면 하기 싫은 일은 하지 않기에 무사태평할 수 있다. 그래서 인성이 사주에 네 개 이상이면 월급 생활을 하는 게 좋다. 편인은 사업한다고 사무실이나 가게를 열어놓고 일을 게으르게 하다가 되는 일 없이 룸펜이 될 수 있다. 사주에 인성이 많으면 재성 운이 와서 인성을 극 해야 인성이 정신 차리고 일한다. 혹은 인성의 기운을 빼갈 비겁이 있거나 식상이 있어야 인성이 열심히 일한다.

경진 일주 편인의 십이운성은 양지(養支)이다. 양지는 부모가 먹여주며 길러주는 조력자이다. 조력자가 있기에 삶이 힘들 때 나타나는 귀인과 인덕(人德)이 있다. 양지는 부모에게 받는 유산도 되기에 재산

복도 된다. 경진 일주 편인 양지는 어른 말을 잘 듣고 순하게 자라면 커서도 사회생활도 잘하고 무난하게 산다. 편인 양지는 공부해서 자격증을 따서 전문인으로 살면 힘든 일을 겪지 않고 산다.

경진 일주와 합이 되는 운은 을유(乙酉) 운이다. 을유 운이 오면 경진 일주는 경을합금, 진유합금이 되어 건강운이 좋아진다. 경진 일주와 충이 되는 운은 병술(丙戌) 운과 갑술(甲戌) 운이다. 병술 운과 갑술 운이 오면 경병충, 갑경충, 진술충을 해서 아프거나 수술하거나 사건 사고를 당하거나 손재수와 관재수를 겪을 수 있다. 충 하는 운에서는 매사 조심해야 한다.

지지의 진토는 인묘진 방합, 신자진 삼합, 진유합금을 한다. 합하는 운에서는 상황에 동화되어 살아남는다. 합은 화합해서 좋은 방향으로 나아간다. 진토는 진진형, 진술충, 축진파, 묘진해, 진해 원진과 진해 귀문을 짠다. 진토가 묘진해를 짤 때는 묘진합도 되기에 해(害)의 작용이 약하다. 진해 원진과 진해 귀문은 우울증과 불안증을 앓을 수 있지만, 심하지 않다. 진해(辰亥)는 나무 기운이 강해서 경진 일주에게 재물운으로 작용할 수도 있다.

진술충(辰戌沖)은 봄 땅과 가을 땅으로 서로 기운이 달라 부딪치지만 지장간 무토는 살아남아 토 기운의 역할을 한다. 진미술축에서 진토는 축술미 삼형살이 없는 순한 땅이다. 진토는 진미술축 토 기운 중 가장 여린 봄 땅이다. 경진 일주 편인 양지는 공부 열심히 해서 전문가로 살아야 사회인이 되었을 때 생활을 안정적으로 하면서 잘살 수 있다.

18. 신사 일주 정관(正官)

　신사(辛巳) 일주 정관(正官)은 말 그대로 신사(紳士)이다. 정관은 말이나 행동이 올바르고, 정직하게 사회에 적응한다. 신사(辛巳) 일주는 천간 신금(辛金)이 지지의 사화(巳火)에 제압당하면서 사회 질서에 맞게 자기를 완성한다. 신금은 사화 속의 지장간 병화와 병신합수도 하면서, 사화 속의 무토 정인으로 생을 받고, 경금 겁재의 힘을 받기에 자기 기운을 잃지 않는다. 합은 타인과 협력하며 상황에 타협하며 좋은 방향으로 중화하며 나아간다.

　합을 하면 자기 기운이 변하기에 좋지 않게 해석하기도 하는데, 합은 좋은 쪽으로 변하는 기운이다. 합을 해서 변화해야 주어진 상황에서 살아남는다. 신사(辛巳) 일주는 사화의 지장간 무경병(戊庚丙)에서 병화와 병신합수(丙辛合水)를 한다. 신금(辛金) 입장에서 병화는 정관이기에 정관은 직업, 규율로 신금을 다스린다. 정관은 여자에게 남편(남자), 남자에게 자식이므로, 신금(辛金)이 정관 병화에게 규제 당하면서 합을 하면, 신사(辛巳) 일주는 직장생활을 잘하고, 시민 질서를 잘 지키고, 여자는 남편에게 잘하고, 남자는 자식에게 잘한다.

　정관은 직업복이고, 직장에서 인정받고, 직장에 적응 잘하며, 시민질서를 잘 지키고, 타인을 배려하며, 타인을 인정하고, 타인의 존재를 있는 그대로 바라보며, 악의 없이 행동하고, 선하게 말하고, 타인과 맞춰주는 사회성이 좋다. 정관은 예부터 출세와 성공을 나타내는 관직이다. 편관도 관직인데, 정관보다 편관은 스트레스받으면서 사회생활에 적응한다. 정관은 합리적 이성적으로 적응한다. 편관은 정관보다 자기희생을 하면서 규율에 적응하기에 체력이 소모되거나, 정관보다 의리와 인간성을 중요하게 생각한다.

　일주(태어난 날)가 관성이면, 기본적으로 사회생활을 할 때 참고, 배려하고, 협력하고, 노력하고, 잘나가는 타인에게 배우고, 질투와 시기 같은 소모적인 감정을 낭비하지 않는다. 정관은 참고 노력하고 적응하고 성공하기 위해 타인과 잘 지낸다. 정관은 자기 할 일은 책임감 있게 열심히 한다. 정관의 단점은 합리적이고 이성적이라서 자기 할 일을 못 하는 무책임한 사람에게는 동정심도 연민도 없다. 정관은 모범적이고 보수적이고, 사회가 시키는 대로 살기에 융통성이 없다.

　신사(辛巳) 일주 정관은 어른들에게 인정받고 말 잘 듣고 주어진 일을 열심히 한다. 사화(巳火)의 지장간에 무경병(戊庚丙)이 있는데, 신금(辛金) 입장에서 무토는 정인, 경금은 겁재, 병화는 정관으로 관인상생(官印相生)을 하기에, 사회생활을 착실하게 잘할 수 있다. 정관은 사업보다는 직장생활이 좋지만, 정관이 사업을 한다면 자기 분수에 맞게 하기에 자기 생활은 책임지며 사업한다.

　신사(辛巳) 일주 정관의 십이운성은 사지(死支)이다. 십이운성 사지

(死支)는 죽어지낸다는 의미이다. 죽어지낸다는 의미는 조직이나 단체생활에서 잘난 척하지 않고, 자기에게 주어진 일을 착실하게 하며 남에게 피해 주지 않는다는 의미이다. 사지(死支)는 눈에 띄지 않고 조용하게 살지만, 먹고사는 일에서는 안정적이며, 주어진 상황에 적응하며 산다. 정관(正官) 사지(死支)는 나대지 않고, 성실하고 착실하게 소리 없이 사는 모범 시민이다.

신사(辛巳) 일주는 병신(丙申) 운이 오면 병신합수, 사신합수를 하기에 일 운이 잘 풀린다. 신사 일주와 충 하는 운은 을해(乙亥) 운과 정해(丁亥) 운이다. 을해 운과 정해 운이 오면 을신충(乙辛沖), 정신충(丁辛沖), 사해충(巳亥沖)을 하기에 건강, 행동, 돈, 인간관계를 관리해야 한다. 충 하는 운에서는 손재수와 관재수를 조심해야 한다.

신사 일주 지지(地支) 사화(巳火)는 신금과 사신합수(巳申合水), 사오미 방합, 사유축 삼합을 한다. 합은 타인에게 맞추고 상황에 협력하면서 중화하기에 시너지 효과를 낸다. 사주는 오행이 골고루 구비되어서 중화되면 좋다. 사화(巳火)는 인사신 삼형살을 짜는데. 인사신 삼형살 운(運)에서는 관재수, 소송수, 수술수, 손재수가 있으니 조심해야 한다. 사화는 해수와 사해충을 한다. 충 하는 운에서도 운전, 말, 행동, 돈, 인간관계를 조심해야 한다. 사신파는 사신합수를 먼저 하기에 파(破)의 작용이 약하다. 사술원진(巳戌元嗔), 사술귀문(巳戌鬼門) 운이 오면 마음 관리를 해야 한다.

19. 임오 일주 정재(正財)

임오(壬午) 일주 정재는 태양과 달이 떠 있는 바다이다. 임계수는 물로서 지구에서 생명이 살게 하는 근원이다. 물이 생명의 제일 조건이다. 명리학에서 물을 나타내는 숫자가 1이고, 불이 2, 물과 불이 만나서 나무(생명체) 3을 만들어낸다. 나무를 가지치기해서 더 잘 자라게 하는 쇠가 4, 생명이 잘 자라도록 만드는 흙이 5이다. 이렇게 구성된 5행이 물, 불, 나무, 쇠, 흙이다. 물은 상선약수(上善若水)로서 지혜로움, 유연성, 생명의 근원을 상징한다.

임오 일주 정재는 주어진 일을 열심히 하며, 착실하게 저축하고, 과소비나 사치하지 않고, 모범생으로 산다. 살면서 돈이 제일 중요하고 돈이 있어야 사람답게 산다고 생각한다. 돈을 중요하게 생각하기에 일을 성실하게 하고, 인간관계에서 착실함을 중요하게 생각한다. 일을 해야 돈을 벌기에 주어진 일에 불평하지 않고, 상하 관계도 잘하면서 산다.

정재는 성실하게 일해서 번 돈으로 안정적인 월급, 착실하게 모은 돈이다. 편재도 열심히 돈을 벌지만, 편재의 돈은 모이지 않고, 나가는 돈도 된다. 편재는 계속 투자해야 하는 돈으로 돈을 벌어도 돈이 나간다. 편재는 정재보다 큰돈으로 사업해서 번 돈, 의외의 수입, 투기나 투자해서 번 돈으로 들어왔다 나가는 돈으로 수중에 붙어 있지 않을 수 있다. 그래서 사주에 편재가 있다면, 돈 관리를 잘해야 하고, 저축이나 예금 같은 안정적인 돈 모으기를 해야 부자가 된다.

정재는 돈놀이하지 않는다. 정재는 돈 모으기를 잘하고, 모은 돈으로 재산을 불린다. 정재는 구두쇠이며 알뜰하고 꼭 필요한 소비만 하는 편이라서 정재는 살면서 돈이 떨어지지 않는다. 편재는 겉으로 보기에는 돈이 많지만, 속으로는 돈이 없을 수 있다. 사주에 편재가 있다면 가계부를 쓰면서 돈 관리를 해야 돈이 수중에 있게 된다. 정재가 필요 소비를 한다면, 편재는 과시 소비를 하고, 정재가 근면, 성실, 알뜰하다면 편재는 과감, 오지랖, 한탕주의이다. 정재가 실용주의, 현실주의, 자기 분수대로 산다면, 편재는 낭만주의, 이상주의, 허세로 산다.

임오 일주 지지의 오화는 지장간이 병기정(丙己丁)이다. 임수(壬水) 입장에서 병화는 편재, 기토는 정관, 정화는 정재이다. 편재는 돈 씀씀이가 커서 돈이 모이지 않고, 정관은 성실하게 일해서 직장이나 조직에서 인정받고, 정재는 알뜰하게 사는 구두쇠이다. 임수 입장에서 지지의 지장간에 편재와 정재가 있고 정관도 있기에, 임오 일주는 지장간이 재생관(財生官)을 한다. 재생관은 재성 돈이 관성 직위를 생(生) 해서 직장이나 사회에서 인정받는다. 임수 입장에서 오화의 지장간 병기정에서 정화와 정임합목(丁壬合木)을 하기에, 임수가 수생목을 하면 식상생재(食傷生財)로 돈을 벌 수 있다.

임오 일주 정재의 십이운성은 태지(胎支)이다. 태지는 겁 많고, 일을 크게 저지르지 않고, 자기 분수에 맞게 생활한다. 태지는 엄마 뱃속이라는 공간에서 엄마의 탯줄로 살기에 보호받고 사랑받는다. 엄마 뱃속의 태아는 엄마의 의지로 키워지기에, 십이운성 태지는 수동적이고 말 잘 듣고, 시키는 대로 사는 편이다. 십이운성 태지는 순하고 착하고 말 잘 듣기에 삶이 힘들지 않다. 임오 일주 태지 정재는 안정적인 삶을 살려고 한다.

임오 일주는 정미(丁未) 운이 오면 정임합화, 오미합화가 되어서 목기운과 화기운으로 중화하면 재물운이 좋아진다. 임오 일주가 충하는 운은 병자(丙子) 운과 무자(戊子) 운이다. 병자 운과 무자 운이 오면 병임충(丙壬沖), 임무충(壬戊沖), 자오충(子午沖)을 하기에 건강이 약해지고, 재물운도 약해질 수 있으니 돈, 건강, 인간관계, 말, 행동을 조심해야 한다.

지지의 오화는 인오술 삼합, 인묘진 방합, 인해합목(寅亥合木)을 한다. 합은 중화되어 협력하면서 살기에 시너지 효과가 있다. 오화는 자수와 자오충(子午沖)을 하고, 오오형(午午刑), 오묘파(午卯破), 축오해(丑午害), 축오원진(丑午元嗔), 축오귀문(丑午鬼門)을 짠다. 오화 입장에서 자수(子水)와 축토(丑土) 운(運)이 차가운 기운이라서 괴롭다. 임오 일주는 자수운과 축토운에서 매사 조심하는 게 좋다. 임오일주는 낮에는 태양이 떠 있는 바다이고, 밤에는 달이 떠 있는 바다라서 낭만적이고 순한 편이다.

20. 계미 일주 편관(偏官)

　계미(癸未) 일주 편관은 편관의 스트레스가 있다. 일주가 편관이면 마음이 약하고, 휴머니즘적이고, 참는 기질이 강하다. 편관은 외부에서 들어오는 스트레스를 강한 인내심으로 버텨내는 희생심이기에, 일주가 편관이면 편관을 다스릴 식상이 사주에 있거나, 편관의 힘을 빼는 인성이 있어야 인생을 편안하게 살 수 있다. 편관은 식상으로 다스려지면, 스트레스를 이겨내며 조직이나 단체에서 적당하게 적응하며 먹고살기를 할 수 있다.
　편관이 인성으로 관인상생(官印相生)을 하면, 사회적 지위와 명예를 얻을 수 있다. 관인상생은 사회에 잘 적응해서 일정 지위를 얻고, 도덕적으로 행동하기에 명예도 얻는다. 관성은 일간을 조절하고 인성은 일간에게 힘을 주는 조력자, 인맥이다. 사주에 인성이 있다면 자라면서 인정받고 사랑받기에 인간관계가 무난하다. 인성은 사람들과 부딪치지 않는 지혜로움이다. 일주가 편관이면 사주에 인성이 있어야 조직 적응력이 좋다. 사주에 인성도 식상도 없이 편관만 있다면, 체력이 약하고, 우울증, 불안증, 피해의식으로 마음의 병을 앓을 수 있다.

편관의 장점은 자기에게 주어진 일은 자기 책임으로 생각하고 성실하게 완수하는 의무감이다. 정관과 편관을 관성(官星)이라고 하는데, 관성은 관(官)에 적응하며 살아남는 적응력이다. 관(官)은 조직 질서, 단체 규율, 사회질서 등으로 개인의 삶을 규제하고 제압하고 공동체에 맞게 사회화시키는 규율이다. 사주에 관이 있다면 규율을 잘 지키며, 주어진 일을 열심히 해서 자기 먹을거리는 책임진다. 그런데 사주에 관이 네 개 이상이면, 공부 잘해서 머리 쓰는 직업을 가져야 고생하지 않는다. 관이 네 개 이상인데, 학창 시절에 공부하지 않고 놀기만 해서, 성년(成年)이 된 후에 전문직업인이 되지 않으면, 살면서 이 일 저 일 하면서 직업 변동이 심할 수 있다.

계미 일주 편관의 십이운성은 묘지(墓支)이다. 묘지는 무덤의 삶으로 조용하게 눈에 띄지 않고 자기 할 일 착실히 하면서 지내는 성실함이다. 묘지의 삶이기에 자기충족적인 편이고, 자기만의 공간에서 알뜰하게 살며, 타인과 부딪치지 않으면서, 자기 먹고살기는 충분히 해결한다. 임계수(壬癸水)는 물처럼 흘러가는 유연성과 지혜로움을 상징하기에, 계미 일주는 자기 삶의 물길을 스스로 내면서 조용하게 흘러가는 삶을 산다.

계미 일주, 미토의 지장간은 정을기(丁乙己)이다. 계수 입장에서 정화는 편재, 을목은 식신, 미토는 편관이다. 지지의 모습을 보면 계수를 제압하는 미토 편관을 을목 식신이 다스리고, 을목 식신이 정화 편재를 식신생재(食神生財) 하는 모습이다. 계미 일주는 돈을 벌기 위해 조직이나 단체에서 식신의 힘으로 편재를 생하면서 자기 먹고살기를 해결한다. 계미 일주는 지장간에 식신편재가 있기에, 은근히 알부자가 될 수 있다. 계미 일주 사주에 인성이 있다면 꾀돌이로 살며, 식상이 있다면 활동력 있게 생활한다. 계미 일주 편관에게 사주에 비겁이 하나 있어서 건강을 도우면 체력도 좋아서 오래 살 수 있다.

계미 일주와 합하는 운은 무오(戊午) 운이다. 무오 운이 오면 계미 일주는 무계합화(戊癸合火), 오미합화(午未合火)가 되어서 운이 재성으로 흐르기에 열심히 일하고 부자가 될 수 있다. 계미 일주와 충하는 운은 정축(丁丑) 운과 기축(己丑) 운이다. 이런 운에서는 계수는 정화와 정계충(丁癸沖), 기토와 계기충(癸己沖)을 한다. 지지로는 축미충(丑未沖)을 하고, 술토 운까지 들어와서 축술미삼형살(丑戌未三刑煞)을 짤 때는 건강, 인간관계, 돈, 행동, 운전을 조심해야 한다. 충(沖)이나 형(刑)하는 운에서는 다치거나 수술하거나, 손재수(損財數), 관재수(官災數)가 있을 수 있다.

계미 일주 지지인 미토(未土)가 사오미 방합, 해묘미 삼합, 오미합화를 할 때는 합의 기운으로 매사 순조롭게 사회에 적응하며 산다. 합은 타인과 협력해서 시너지 효과를 내는 기운이다. 미토는 술미파, 자미해, 자미원진, 인미귀문을 짠다. 자수 운이나 인목 운에서는 스트레스가 있으니까 마음 관리와 건강 관리를 잘해야 한다.

양간 갑병무경임보다 음간 을정기신계는 음기운으로 작고 연약해서, 눈에 띄게 활동적이지 않지만, 음간(을정기신계)은 은근한 끈기로 사회에 적응하는 끈질긴 지구력이 있다.

21. 갑신 일주 편관(偏官)

갑신(甲申) 일주 편관은 예민하고 까칠하게 사회생활 한다. 갑목 나무는 신금(申金)에게 베임 당하면서 살기에 사는 게 스트레스이다. 갑신 일주는 나뭇잎 없이 줄기로만 하늘로 쭉 뻗은 가을 나무이다. 갑신 일주는 고통과 시련을 버티는 정신력이 있고, 바깥에서 들어오는 편관의 스트레스를 이겨내는 군자(君子)이다.

편관은 정관보다 강하고 세게 일간(나)을 억압한다. 정관이 합리적 실리적으로 일간을 제압한다면, 편관은 힘이나 권력으로 일간을 억압하기에 일간이 종속적으로 바깥 상황에 굴복하게 한다. 편관은 정관보다 더 참을성이 있고, 책임감도 강하다. 정관이 실리적으로 굴복한다면, 편관은 희생적으로 굴복한다. 관성(官星)은 상황에 맞춰 일간이 적응하게 하기에, 정관이나 편관이나 상황에 순응하고 복종하는 사회성이다. 관성은 일간의 사회성을 형성하면서 일간이 사회 질서에 맞춰서 먹고살게 한다. 관성이 있어야 윗사람과 잘 지내고, 아랫사람과도 인간관계를 합리적으로 할 수 있다.

갑신 일주 편관이 관성의 제압을 견뎌내면 훌륭한 군자처럼 사회적으로 성공할 가능성이 있다. 지지의 신금(申金) 지장간(支藏干)은 무임경(戊壬庚)이다. 갑목 입장에서 무토 편재는 갑목이 뿌리 내릴 토양이고, 임수 편인은 갑목을 키워주는 물이고, 경금 편관은 갑목의 영양분을 빼앗아가는 가지나 잎을 쳐 내는 도구이다. 갑신 일주가 욕심 부리지 않고 자기 분수를 지킨다면 재생관(財生官)과 관인상생(官印相生)으로 인생을 편안하게 살 수 있다.

관성은 인간관계나 조직 질서에 적응하면서 받는 스트레스이지만, 결과물을 취할 수 있다. 관성은 자존심과 자존감인 비겁을 제압해서 비겁이 상황에 맞춰 행동하고 말하게 하는 참을성이다. 사주에 관성이 없고 비겁만 많으면 승기(勝氣)가 작동해서 자기가 남보다 못하면 시기와 질투로 마음고생을 할 수 있다. 그러다가 지면 마음이 괴로워서 화병이 나고, 화병이 나면 병들어 몸이 쇠약해진다. 관성은 비겁인 자존심과 자존감을 내려놓게 하고 상황에 맞춰 유연하게 변하게 한다. 관성이 있어야 잘난 척하지 않고 상황 보아 가면서 자기의 사회적 위치를 인정하며 산다.

갑신 일주 편관의 십이운성은 절지(絶支)이다. 절지는 끊어지는 시기로, 가을 나무가 이파리를 떨어낸다. 편관 절지는 절제하고 욕심부리지 않는 편이며, 삶을 간소하게 사는 청렴한 선비이다. 갑신 일주 편관 절지가 남들과 자기 삶을 비교하며 남들보다 잘살고 남들보다 잘나고 싶으면 마음의 병을 얻어 요절(夭折)할 수 있다. 갑신 일주 편관 절지는 남과 비교하지 말고 자기만의 세계를 만들어서 자족하며 살아야 오래 산다. 절지는 맺고 끊는 힘으로 필요한 것만 소유하는 힘이기에 실용적이고 실리적이며 합리적이다.

갑신 일주와 합이 되는 운은 기사(己巳) 운이다. 기사 운이 와서 갑기합토(甲己合土) 사신합수(巳申合水)가 되면 토 기운과 수 기운이 갑신 나무를 돕기에 사는 일이 무난하다. 합은 상황에 협력하고 사람과 타협하며 공존한다. 갑신 일주와 부딪치는 운은 무인(戊寅) 운과 경인(庚寅) 운이다. 갑목 입장에서 갑무충(甲戊沖), 갑경충(甲庚沖)을 당하는 운에서는 힘이 빠지고 체력이 약해지고 하는 일이 지지부진할 수 있다. 충(沖)은 극(剋) 당하거나 극 하는 운(運)으로 싸움의 승패가 확실해진다. 충(沖) 운이 들어올 때는 건강, 돈, 인간관계, 말, 행동을 조심해야 한다. 어떤 일을 벌이거나 돈을 대출해서 사업을 시작하거나 투자를 하지 말아야 한다.

신금(申金)은 신유술 방합, 신자진 삼합, 사신합수를 하면 신금(申金)이 유연하게 변화 변동에 적응한다. 합을 할 때는 사회 질서에 순응하며 조직이나 사회에 속하려고 노력한다. 신금이 인사신(寅巳申) 삼형살, 인신충(寅申沖)을 할 때는 운전, 건강, 말, 행동, 돈을 조심해야 한다. 신사파(申巳破)는 신사합수(申巳合水)를 하기에 파(破)가 심하지 않다. 신해해(申亥害)도 금생수(金生水)를 하기에 해(害)가 심하지 않다. 신묘원진(申卯元嗔), 신묘귀문(申卯鬼門)을 짤 때는 마음 관리를 잘해야 우울증이나 불안증에 시달리지 않는다. 신금(申金)은 운동성이 활발해서 다치면 크게 다치고 손해도 크게 본다. 갑신 일주는 자기 주관으로 생활하면서 남과 비교하지 않아야 삶이 평온하다.

22. 을유 일주 편관(偏官)

 을유(乙酉) 일주 편관은 체력이 약하다. 천간 을목은 유금(酉金)의 지장간 경금과 경을합금(庚乙合金)으로 자기 기운을 아예 다른 기운에 동화시켜서 생존하는 전략가이다. 유금의 지장간 신금(辛金)에게는 금극목(金剋木)으로 베이기에, 을유 일주는 기본적으로 건강 관리를 잘해야 한다. 편관은 단체나 조직에 대한 책임감이 강하고, 희생정신이 있어서 신체적으로 약해지고, 정신적으로 예민하다. 일주 편관이면 건강이 약하기에 항상 건강 관리를 잘해야 한다.
 갑신(甲申) 일주 편관은 신금(申金)의 지장간에 갑목이 뿌리내릴 무토(戊土)도 있고 갑목을 생 해주는 임수(壬水)도 있어서 관인상생(官印相生)을 하는 편관이기에 을유 일주 편관보다 사회적으로 개인적으로 세상에 맞서서 버텨내는 힘이 있다. 그러나 을유 일주 편관은 주어진 조직이나 구조에 순응하면서 순종한다.
 을유 일주 편관이 관성(官星)에 복종하지 않고 저항하면 화병이나 가슴앓이로 정신 질환을 앓을 수 있다. 관성은 조직이나 단체의 규율을 따르는 생활이기에 관리인, 공무원, 회사원, 월급쟁이이다. 을유 일주는 조직이나 단체에 들어가서 사는 게 안정적이다. 을유 일주는 사업을 하기보다는 월급을 받으면서 남 밑에 있는 게 좋다. 을유 일주가 사업을 하면 너무 열심히 일해서 스트레스로 요절할 수 있다.

을유 일주의 장점은 적응력과 순응력이다. 어른 말 잘 듣고, 규율 잘 지키고, 열심히 일하면 조직이나 단체에서 인정받고 순리적으로 승진하고, 자기 지위에 알맞은 일을 하면서 사회생활을 지혜롭게 잘 한다. 을유 일주는 상황 적응력이 좋아서 어떡하든 살아남는 꾀돌이이다. 을유 일주는 질 때 져주고, 주어진 환경에 적응해서 환경 순응적으로 살아남는 처세술이 좋다.

을유 일주 편관의 십이운성은 절지(絶支)이다. 절지는 자기 생각이나 느낌을 주장하지 않고, 타인에게 맞춰서 생존한다. 절지는 자기주장을 하다가는 다칠 수 있다. 편관 절지는 좋은 게 좋다는 식으로 되도록 화합하면서 살고, 조직이나 단체를 위해 희생하면서 자기 존재를 인정받는다. 을유 일주에게 필요한 글자는 갑을목과 병정화와 무기토와 임계수이다. 갑을목은 을목의 건강을 돕고, 병정화는 을목을 괴롭히는 경신금을 물리치고, 무기토는 을목이 뿌리내리고 살 수 있는 근원이고, 임계수는 을목을 살리는 생명의 근원이다.

을유 일주는 경진 운이 오면 경을합금, 진유합금을 해서 주어진 상황에 동화되어 생존한다. 사회적 질서를 지키고 개인적으로 타인과 부딪치지 않고 협조하는 생활력으로 살아남는다. 을유 일주와 충이 되는 운은 신묘(辛卯)와 기묘(己卯)이다. 신묘 운과 기묘 운이 오면 을유 일주는 을신충(乙辛冲), 을기충(乙己冲)을 하기에, 을목의 건강이 약해진다. 신금(辛金) 운과 기토 운이 오면, 을목은 건강 관리를 해야 한다. 을목이 상징하는 뼈와 관절, 간, 담, 췌장, 뇌를 관리해야 한다. 을유 일주는 신묘 운과 기묘 운에서 지지(地支)끼리 묘유충을 하기에 운전, 돈, 인간관계, 말, 행동을 조심해야 손재수나 관재수 없이 무탈하게 지나간다.

을유 일주에서 유금은 신유술 방합, 사유축 삼합, 진유합금을 한다. 지지의 유금이 합을 할 때는 천간 을목은 주어진 질서에 순종한다. 운 좋으면 자기를 희생해서 더 좋은 지위에 오를 수 있다. 을목은 꽃나무로 약하고 힘이 없어서 겉으로는 상대에게 져주지만, 실질적으로 자기 먹을거리를 차지하는 생존력이 높다. 을목은 예쁜 꽃으로 사랑받기 위해서 실제로는 권력자에게 복종하면서 자기 위치를 점유하는 전략가이다. 을목 꽃은 환경에 따라 피고 지는 순리의 꽃이기에 순응하면서 사랑받고 인정받는다.

을유 일주 지지(地支) 유금은 진토와 진유합금(辰酉合金)을 하고, 유유형(酉酉刑)을 하고, 묘유충(卯酉沖), 자유파(子酉破), 유술해(酉戌害), 인유원진(寅酉元嗔), 자유귀문(子酉鬼門)을 짠다. 이런 운에서는 운전, 행동을 조심해야 한다. 을유 일주는 기본적으로 유연함과 부드러움으로 상황에 순응하면서 살아남는다. 을유 일주는 상황에 적응하면서 살아남는 꾀돌이이고, 자기를 주장하지 않고, 대중에 동화되고 공존하면서 살아남는다. 을유 일주는 상황에 맞추려고 스트레스를 받기에 항상 정신 건강을 관리하고 신체를 튼튼하게 만들어야 오래 산다.

23. 병술 일주 식신(食神)

병술(丙戌) 일주 식신은 빨간 노을이다. 식신(食神)은 먹고사는 능력으로 부지런하고 밝고 긍정적이다. 병화 입장에서 술토는 병화는 돕는다. 술토(戌土)의 지장간 신정무(辛丁戊)를 보면 병화 입장에서 술토 속의 신금과 병신합수(丙辛合水)가 된다. 수기운(水氣運) 관성이 병화의 기운을 제압하면, 병화는 술토에서 자기 기운을 잃고 묘지(墓支)가 되어 누그러진다. 병화의 십이운성은 술토가 묘지이기에 술토에서 병화는 지는 태양이다. 술토의 지장간 정화는 병화의 불기운을 유지하면서 무토 식신으로 대지를 따스하게 만든다.

일주(태어난 날)가 묘지이면 부정적으로 해석하는데, 사주는 긍정적으로 해석하는 게 더 잘 맞는다. 묘지라고 해서 '없다, 약하다, 죽는다' 등의 무서운 말을 하면 안 된다. 묘지는 보관소이기에 무엇이든 보관하는 알뜰한 저장고로 긍정적으로 해석해야 한다. 묘지를 부정적으로 해석하면 '구두쇠, 이해타산하기'이다. 묘지는 절약하고 주고받는 계산을 명확하게 하기에 남에게 피해 주지 않고, 근면 성실하게 산다.

병술 일주 식신에서 술토의 지장간은 신정무(辛丁戊)이다. 병화(丙火) 입장에서 신금(辛金)은 정재, 정화는 겁재, 무토는 식신이다. 병화는 신금(辛金)과 병신합수(丙辛合水)를 하기에 병화가 정재를 만나서 재생관(財生官)이 되면 명예운이나 출세운이 좋아진다. 관성으로 다스림을 당하면 병화는 자기 기운을 합리적으로 사용하여 주어진 상황에 순응하며 산다.

병화 입장에서 정화 겁재는 병화의 기운을 돕는다. 하나의 겁재는 일간의 건강과 체력과 힘이 되기에 병화가 식신생재(食神生財)를 할 때 지치지 않게 한다. 병화 입장에서 무토 식신은 병화의 힘을 빼지만, 지장간 정화 겁재가 있어서 병화는 지치지 않고 식신생재를 할 수 있어 먹을거리를 해결하고 돈을 벌 수 있다. 병술 일주 식신 묘지는 재물이 보관되는 창고 역할도 하기에 사주에 묘지 하나쯤 있다면 저축을 잘하고 미래를 대비한다. 병술 일주 식신 묘지는 알부자일 수 있다. 병술 일주 식신 묘지에서 신금(辛金)은 재성이면서 병신합수로 관성 역할도 하기에 재물운이나 명예운이 좋다.

병술 일주와 합이 되는 운은 신묘(辛卯) 운이다. 신묘 운이 오면 병신합수(丙辛合水), 묘술합화(卯戌合火)가 되어 병화의 건강운과 경쟁력이 좋아진다. 병술 일주와 충 하는 운은 경진(庚辰) 운과 임진(壬辰) 운이다. 병술(丙戌)은 경진 운과 임진 운에 경병충(庚丙沖), 병임충(丙壬沖), 진술충(辰戌沖)을 하면서 흔들린다. 충은 새로운 변화의 기운이기에, 충이 온다고 해서 운이 부정적으로 흐르지 않는다. 다만 충이 오는 해에는 돈, 일, 건강, 인간관계, 행동을 조심하면 된다.

병술 일주 지지의 술토는 신유술 방합, 인오술 삼합, 묘술합화를 한다. 합이 되는 운은 협력과 타협의 기운으로 세상에 맞춰 나가기에 순탄하다. 합은 상황과 환경에 맞추는 힘이다. 술토가 진토와 진술충(辰戌沖) 할 때는 진토의 지장간 을계무(乙癸戊)와 술토의 지장간 신정무(辛丁戊)가 부딪혀서, 을목과 계수와 신금과 정화는 아프거나 깨진다. 그러나 무토는 기운을 유지하기에, 병화는 무토 식신으로 열심히 일해서 살 수 있다. 충 하는 운에서는 건강이 약해지고 사건 사고가 있을 수 있으니 말과 행동과 인간관계를 조심해야 한다.

술토는 축술미(丑戌未) 삼형살을 짠다. 삼형살을 짤 때는 지장간이 깨지기 때문에 지장간에 해당하는 육친(혈육)이 아플 수 있다. 삼형살 운에서는 일, 돈, 건강, 인간관계를 세심하게 살펴야 한다. 술토는 술미파(戌未破), 유술해(酉戌害)를 한다. 술미파는 축술미 삼형살로 갈 수 있으니까 말과 행동을 조심해야 한다. 유술해는 유술합(酉戌合)도 되기에 해(害)보다는 합(合)으로 해석하면 된다. 사주는 합(合)이나 생(生)이 충(沖)이나 극(剋)보다 먼저 작용한다.

술토는 사술원진(巳戌元嗔), 사술귀문(巳戌鬼門)을 짜기에 술토 입장에서 사화(巳火) 운이 오면 마음이 심란하고 신경 쓸 일이 생기고, 근심 걱정으로 스트레스를 받는다. 이럴 때는 마음을 관리하고 욕심을 내려놓고 근면 검소하고 단순하게 사는 게 좋다. 병술 일주 식신은 편안한 저녁노을로 큰 욕심 없이 소박하고 확실한 행복을 추구하며 산다. 묘지는 알뜰해서 저축을 잘한다.

24. 정해 일주 정관(正官)

정해(丁亥) 일주 정관은 바다 위에 뜬 달빛이다. 정해 일주는 천을 귀인이어서 주변에서 도와주는 조력자와 상황이 있다. 정관(正官)은 올바른 태도와 정직한 행동이다. 정관은 사람들과 협력하면서 주어진 상황과 환경에 불만 없이 적응해서 살아남는다. 정관은 착실하고 근면한 직장 생활이다. 정관은 어른들과 잘 지내고, 자기 할 일을 책임감으로 해내며, 남에게 피해 주지 않고, 주어진 질서에 군말 없이 적응한다.

정관은 저항하거나 반항하지 않고, 기존 질서를 유지하는 보수적 태도이며, 윤리와 도덕을 실천하며, 타인과 잘 지내는 사회성이며, 시민 질서를 지키는 공동체 의식이다. 사주에 정관이 있다면, 어른 말을 잘 듣고, 자기 생활을 착실히 하며, 성실하게 자기 생을 가꾼다. 자기 잘난 체를 하지 않으며, 타인과 타협하면서 좋은 게 좋다는 방향으로 나아간다. 정관은 관직으로 공익(公益)을 위해 일한다는 의미이다.

정해 일주 정관은 자기를 조절하며 세상을 산다. 정화의 지지인 해수의 지장간에 무갑임(戊甲壬)이 있다. 정화 입장에서 무토는 상관, 갑목은 정인, 임수는 정관이다. 상관은 관에 저항하고 관과 부딪치지만, 정인이 상관을 제압하면, 상관이 상관짓(구설수나 관재수)을 하지 않는다. 정인은 합리적 지식으로 상관의 감정적 말과 행동을 제압한다. 정인에게 제압당한 상관은 사회적으로 처신하며 상관생재(傷官生財) 하는 쪽으로 움직인다. 정인에게 극(剋) 당한 상관은 말 잘하고 논리적 설득력이 좋은 똑똑이가 된다.

정화(丁火)는 해수(亥水)의 지장간 임수 정관과 정임합목(丁壬合木)을 한다. 정화 입장에서 임수 정관과 합을 하면 관운(官運)이 좋아진다. 정임합목이 되면 목기운(木氣運)이 정화에게 인성(印星) 역할을 한다. 정화 입장에서 관인상생(官印相生)을 한다. 관인상생은 조직이나 단체의 보호를 받고 조직인이 되어 산다. 정관은 규제나 제압에 순응하며, 조직이 시키는 대로 일하며 산다. 정관은 합리적이다. 편관(偏官)은 스트레스를 참고 일하며 인간관계를 맺지만, 정관은 스트레스를 받지 않는 편이다. 정관이나 편관은 일간을 관(조직, 단체, 규율)으로 통제하기에 일간을 성실하고 착실하게 만든다.

여자에게 정관은 성실한 남편이다. 남편이 일을 열심히 하고 책임감 있게 가족을 위해 산다. 여자 일주 정관은 좋은 남편을 만날 수 있다. 여자 일주 정관은 남편 운이나 직장 운이 무난하다. 남자에게 정관은 자식이다. 남자 일주 정관이면 자식이 사회적으로 성공할 수 있다. 남자 일주 정관은 집안에도 직장에도 자식에게도 잘한다. 그런데 연월시주(年月時柱)에 정관을 상하게 하는 상관이 있거나 정관의 묘지(墓支)가 있다면 관성의 기운이 약해져서 조용하게 맥없이 산다.

정해 일주 정관의 십이운성은 태지(胎支)이다. 태지는 엄마 뱃속에서 보호받으며 산다. 엄마라는 보호처가 있기에 얌전하게 먹을 거 주는 대로 먹으면서 수동적으로 산다. 정관은 시키는 대로 일하고, 시키는 대로 행동하기에 태지도 순응하는 정관을 닮아있다. 정관 태지는 사람들과 부딪치지 않고 윗사람이나 엄마의 보호로 주어진 대로 반항 없이 산다. 태지는 엄마나 윗사람에게 보호받기에 건강운이 좋은 편이고 인덕이 있다. 정해 일주는 천을귀인이다. 천을귀인은 보이지 않는 곳에서 도와주는 조력자이다. 정관 태지는 주어진 현실에 아기처럼 순응하며 산다.

정해 일주와 합이 되는 운은 임인(壬寅) 운이다. 정해 일주는 임인 운이 오면 정임합목(丁壬合木), 인해합목(寅亥合木)을 해서 인성운이 들어오기에 인맥운, 문서운, 명예운이 좋아진다. 정해 일주와 부딪치는 운은 계사(癸巳) 운과 신사(辛巳) 운이다. 계사 운과 신사 운이 오면 정계충(丁癸沖), 정신충(丁辛沖), 사해충(巳亥沖)을 한다. 충하는 운에서는 돈, 건강, 인간관계, 말, 행동을 조심해야 한다.

지지의 해수는 해자축 방합, 해묘미 삼합, 인해합목을 한다. 합이 되면 자기 기운을 내세우지 않고 협력해서 산다. 해수는 사해충, 해해형, 인해파, 신해해, 진해원진, 진해귀문을 짠다. 인해파는 인해합목이 되기에 작용하지 않는다. 해수는 진토 운이 들어오면 원진살과 귀문관살을 짜기에 마음 관리를 해야 한다. 정해 일주 정관(正官)은 보호받으면서 무탈하게 산다.

25. 무자 일주 정재(正財)

　무자(戊子) 일주 정재는 산속에 흐르는 계곡물이다. 정재는 착실하게 일하며 현실에 순응한다. 정재는 주어진 상황에 순응하며 환경에 맞추며 적응한다. 정재는 살기 위해 주어진 여건에서 돈이 되는 일이라면 열심히 한다. 정재는 불평하지 않고 노력하며 정글 같은 현실에서 살아남는다. 정재는 돈 관리를 잘하고, 알뜰하고, 근면하고, 검소하다. 정재는 허세 부리지 않고, 과시 소비를 하지 않고, 실용적으로 살며 경제적 안정을 중요하게 생각한다.

　무자 일주 정재에서 자수(子水)의 지장간(支藏干)에 임계수(壬癸水)가 있다. 무토 입장에서 임수는 편재(偏財)이고 계수는 정재(正財)이다. 무토가 계수 정재와 무계합화(戊癸合火)를 하면, 화(火) 기운이 무토를 생(生) 하는 화생토(火生土)가 된다. 화 기운은 무토에게 인성(印星)이기에 인맥운과 명예운과 문서운이 좋아진다. 무토에게 임수 편재는 산속의 저수지로 필요할 때 언제든지 가져다 쓸 수 있는 생활용수이다. 무토 입장에서 자수의 지장간 임계수가 재물운으로 좋게 작용한다.

정재는 사업을 해도 자기 분수에 맞게 한다. 편재는 자기 분수를 모르고 허세를 부리다가 사업이 망할 수 있지만, 정재는 자기 깜냥만큼 사업을 하기에 돈을 벌 수 있다. 정재는 자기에게 주어진 처지에 자족하며 산다. 정재는 대출까지 해서 사업을 크게 하는 배짱을 부리지 않는다. 반면에 편재는 과시 욕망이 있어서 대출까지 해서 사업을 하기에 빚을 질 수 있다. 정재는 자기 계획표대로 소박하게 일하기에 시간이 흐르면 알부자가 될 수 있다.

사주에 재성(財星)이 네 개 이상이면 돈을 모으기가 힘들다. 재성이 네 개 이상이면 돈 쓰기를 잘해서 돈이 모이지 않는다. 재성이 네 개 이상이면 오지랖이 있어서 사람에게 돈 쓰기를 잘한다. 재성이 네 개 이상이면 여기저기 투자하지 말고 알뜰하게 저축해야 돈을 번다. 그런데 사주에 재성이 지장간에 숨어 있다면, 그 사주는 구두쇠이기에 돈을 함부로 쓰지 않는다.

재성이 지장간(支藏干)에 있거나, 진미술축(辰未戌丑) 묘지(墓支)에 있으면 그 사주는 돈 모으기를 잘한다. 묘지는 금고이며 저장고이다. 남자 입장에서 재성은 아내인데, 남자 사주에서 묘지에 재성이 있거나, 지장간에 재성이 있다면, 아내가 알뜰하게 살림을 잘한다. 남자 사주에서 정재가 형충(刑沖) 당하지 않고 온전하다면 아내복이 좋다. 여자 사주에 재성이 네 개 이상이면 과소비를 하고 돈을 모으지 못하기에, 적금이나 예금을 해야 돈을 모을 수 있다. 사주에 재성은 두 개가 좋다.

무자 일주 정재의 십이운성은 태지(胎支)이다. 태지는 뱃속 아기이다. 아기는 착하고 순하고 말 잘 듣고 수동적이고, 엄마의 탯줄로 먹고살기에 독립심이 약하다. 태지는 머리 쓰는 직업이 좋다. 태지가 몸쓰는 직업에 종사하면 체력이 약해서 아프다. 정재 태지는 말 잘 듣는 사회인이다. 태지는 타인과 잘 지내려는 협력심이고, 자기에게 주어진 일을 책임감 있게 한다. 태지는 저항하거나 반항하기보다는 순응하고 적응하면서 사람과 환경에 맞추며 산다. 무자 일주 정재 태지는 회사원이나 공무원처럼 월급 생활을 하는 게 좋다.

무자 일주 정재와 합이 되는 운은 계축(癸丑) 운이다. 무자 일주는 계축 운이 오면 무계합화, 자축합토를 하기에 인성 명예운과 비겁 건강운이 좋아진다. 무자 일주 정재와 충 하는 운은 임오(壬午) 운과 갑오(甲午) 운이다. 무토는 임수와 무임충(戊壬沖)을 하고, 갑목과 갑무충(甲戊沖)을 하지만, 무토 입장에서 임수는 무토가 막아서 쓸 수 있는 저수지이고, 갑목은 무토에 뿌리 내리면 무토를 튼튼하게 하기에, 양간(陽干) 갑병무경임끼리의 충은 좋게 작용하기도 한다.

무자 일주 정재의 자수는 오화와 자오충을 하기에 자오충 운(運)에서는 자수가 상징하는 신장, 방광, 생식기계와 오화가 상징하는 심장, 소장, 혈관계 건강을 조심해야 한다. 자오 충을 할 때 자수가 상징하는 재성 재물운과 오화가 상징하는 인성 문서운을 조심해야 한다. 자수가 해자축 방합, 신자진 삼합, 자축합토를 하면 합의 기운으로 무탈하게 산다. 자묘형은 수생목도 되고, 자유파는 금생수도 되기에 형파(刑破)는 약하다. 자미해, 자미원진, 자유귀문 운에서는 건강, 말, 행동, 인간관계를 조심해야 한다.

26. 기축 일주 비견(比肩)

　기축(己丑) 일주 비견은 기토가 음토(陰土)이고 축토(丑土)도 음토이기에 차가운 땅이다. 기토는 실생활의 터전으로 온갖 생명체가 자라고 온갖 먹을거리를 보호하는 토양이다. 사주에 기토가 있다면 부지런히 활동하고 먹을거리를 충분히 해결한다. 땅은 먹을거리의 온상이다. 기토에서 갑을목(먹을거리)이 자라고 생산되기에 기토가 사주에 하나쯤 있다면 근면 검소하고 먹고사는 문제는 충분히 해결한다.
　비견(比肩)은 일간(나)을 돕는 혈육, 친구, 동료, 인간관계, 체력이다. 사주에 비견 하나쯤 있어야 외롭지 않고 건강하다. 비견은 인간관계를 잘하고 체력이나 건강을 유지하는 힘이다. 겁재는 일간과 음양(陰陽)이 다른 오행이어서 일간을 돕기도 하고 일간의 소유물을 빼앗아 가기도 하지만, 비견은 일간의 편이 되어 일간의 건강과 인간관계를 돕는다. 그러나 사주에 네 개 이상의 비겁은 일간의 재물을 빼앗는 손재수(損財數)로 작용한다.
　지지(地支)의 진미술축에서 진토(辰土)는 생명을 낳고, 미토(未土)

는 생명을 완전하게 키우고, 술토(戌土)는 생명을 수확하는 땅이고, 축토(丑土)는 생명을 보관하는 저장고이다. 겨울 땅 축토는 다가올 2월 입춘 이후에 온갖 새 생명체를 땅 위로 올리기 위해 인내하는 땅이다. 축토는 겉으로는 얼어 있어도 땅속은 봄에 새로 태어날 생명의 씨앗과 새싹을 보호하고 있다. 축토 겨울 땅은 잠자는 식물, 생명체, 동물들이 자기 힘을 저축하며 고난과 시련을 버티는 공간이다. 기축 일주는 겉으로는 힘들어 보여도, 속으로는 자기 할 일 착실하게 하며 희망이 가득한 땅이다.

축토의 지장간에 계신기(癸辛己)가 있다. 기토 입장에서 계수는 편재, 신금(辛金)은 식신, 기토는 비견이다. 편재는 열심히 일해서 돈 버는 능력이고, 식신은 먹고살 수 있는 재능이나 기술, 활동력이고, 비견은 건강한 체력과 정신력이다. 기토 입장에서 비견의 건강함으로 식신생재(食神生財)해서 돈을 벌 수 있다. 식신생재는 부지런히 일해서 돈을 버는 능력이다. 기토 입장에서 축토가 묘지(墓支)이기에 돈을 모으는 알뜰함이 있다. 묘지는 저장고이며 금고이다.

기축 일주 편재의 십이운성은 묘지(墓支)이다. 묘지는 주어진 공간에서 자기 능력으로 먹고살기에 근면하고 검소하다. 묘지는 과시 소비를 하지 않고 경제적이며 현실적으로 산다. 묘지는 사회적으로 눈에 띄게 활동하지는 않지만, 자기 관리를 잘하며, 남들과 자기를 비교하지 않고 자기 기준으로 자기 삶을 살아간다. 묘지는 타인을 의식하지 않기에 행복 만족도가 높은 편이다.

기축 일주 편재에게 필요한 글자는 병정화(丙丁火)와 갑을목(甲乙木)이다. 병정화는 기토를 따뜻하게 해서 갑을목이라는 생산물을 기토가 잘 길러내게 한다. 병화는 축토의 지장간 신금(辛金)과 병신합수(丙辛合水)를 해서 기토에게 재성(財星) 재물운이 되어주고 인성(印星) 문서운이 되어준다. 정화는 기토를 온기로 보호한다. 갑목은 갑기합토가 되어 기토 땅을 튼튼하게 만들어주고, 을목은 기토에서 자라는 생산물이 되어준다.

기축 일주는 갑자 운이 오면 갑기합토, 자축합토로 토 기운이 단단해진다. 기축 일주가 계미(癸未) 운과 을미(乙未) 운이 오면 계기충(癸己沖), 을기충(乙己沖), 축미충(丑未沖)을 한다. 충(沖) 하는 운은 변화 변동의 운이기에 건강, 말, 행동, 인간관계, 돈을 조심해야 한다.

지지의 축토는 축술미 삼형살을 짜기에 삼형살 운에서는 사건 사고가 있을 수 있으니 행동과 말과 돈, 인간관계, 건강을 조심해야 무난하게 넘어갈 수 있다. 축토는 해자축 방합, 사유축 삼합, 자축합토를 한다. 합의 운에서는 협력하고 타협하기에 큰 탈은 없다. 충(沖)하고 형(刑)하는 운은 싸워서 승패가 갈리기에 이기든 지든 변화 변동을 한다. 형충 운에서는 수술, 입원, 사고 등을 겪을 수 있다.

축토는 축진파, 축오해, 축오원진, 축오귀문을 짠다. 축토 입장에서 오화 운(運)은 조심해야 한다. 원진, 귀문, 탕화살은 스트레스로 마음이 심란하고 괴롭다. 원진, 귀문 운에서는 인간관계가 매끄럽지 못하고 배반당하거나 배반할 수 있으니, 인간관계에서 말조심하고 운전 조심도 해야 무탈하게 지나간다. 기축 일주는 자기 할 일 하면서 끈기 있게 자기 꿈을 실현하면서 안분지족하면서 산다.

27. 경인 일주 편재(偏財)

경인(庚寅) 일주 편재는 일 열심히 하고 돈 열심히 버는 일벌레이며, 자기 관리를 잘한다. 천간(天干) 경금은 단단한 쇠이며 광물로서 나뭇가지를 잘 자라게 쳐내는 가지치기 도구이고, 지지(地支) 인목은 경금이 키워낸 재목이다. 경금 입장에서 지지 인목은 경금이 가지치기해서 잘 키운 나무로 경금의 재산이다. 인목 나무는 경금이 만든 생산물로 경금이 소유하는 재산이며 일복이며 생활력이다.

편재는 많이 벌고 많이 쓰는 돈으로 돈이 모이지 않고 새 나가는 돈이다. 일주가 편재이면 돈 관리를 잘해야 한다. 편재는 돈을 벌기 위해 열심히 일하고 성실하지만, 앞으로 버는 것 같아도, 뒤로 빚지는 돈일 수 있다. 겉으로는 과소비도 하는데, 속으로는 돈이 없을 수 있다. 편재는 투기나 도박으로 돈을 날릴 수도 있기에 주식, 코인, 노름은 하지 말아야 돈을 지킬 수 있다. 편재는 들고나는 돈이기에 돈 관리를 잘해야 부자가 될 수 있다.

편재는 티끌 모아 태산을 하지 못한다. 돈은 쓰기 위해 번다고 생각하고, 돈을 벌면 쓸 일을 먼저 생각한다. 사주에 편재가 네 개 이상이면 반드시 예금이나 적금이나 부동산에 투자해야 목돈을 만질 수 있다. 편재는 돈이 생기면 모으지 못하고 쓰는 돈으로 낭비하고, 사고 싶은 물건을 사며, 과소비하고 뒷일을 생각하지 않는다. 편재는 대출해서 돈을 쓰고 마이너스 통장을 쓸 수 있으며, 돈 관리를 못 하는 돈이다. 사주에 재성이 네 개 이상이면 재다신약(財多身弱)이라고 해서 일하고 돈 벌어서 쓰기만 하다가 병들어 요절(夭折)할 수 있다.

경인 일주 편재 인목의 지장간(支藏干)에 무병갑(戊丙甲)이 있다. 경금 입장에서 무토는 편인, 병화는 편관, 갑목은 편재이다. 갑목 편재가 병화 편관을 재생관(財生官) 하고, 병화 편관이 무토 편인을 관인상생(官印相生) 하기에 경인 일주는 일하고 돈 관리 잘하고 명예 얻고 안정적으로 생활한다. 관성은 과시하려고 하는 비겁을 관리해서 돈을 쓰지 못하게 막고, 겁재의 한탕주의 기질을 누르기에 관성은 사주에 하나쯤 있으면 좋다. 사주에 관성이 월주(月柱)나 시주(時柱)에 하나쯤 있다면 돈을 낭비하는 비겁을 제압해서 돈을 보호할 수 있다.

경인 일주 편재의 십이운성은 절지(絶支)이다. 절지는 절처봉생(絶處逢生)으로 시련의 끝에서 새로운 희망을 본다. 절지라고 해서 완전히 끊어지는 게 아니다. 절지는 새로운 변화를 맞이하는 시작이다. 사주명리학은 불행을 말하는 게 아니라 행운을 말하는 운명론이다. 절지는 새 삶, 새 시작, 새 변화이다. 경인 일주 편재 절지는 변화 변동을 받아들이는 유연성이 좋고 새로운 일을 두려워하지 않는다.

경인 일주와 합하는 운은 을해(乙亥) 운이다. 을해 운이 오면 경을합금, 인해합목이 되어 건강운과 재물운이 좋아진다. 합은 상황과 타협해서 살아남는 적응력이다. 경인 일주와 충 하는 운은 갑신(甲申) 운과 병신(丙申) 운이다. 갑신 운과 병신 운이 오면 천간으로 갑경충(甲庚沖), 병경충(丙庚沖)을 해서 건강이 약해지고 직업 변동이 있다. 지지로 인신충을 하면 간, 담, 췌장, 뼈, 뇌 질환을 앓을 수 있으니 건강 관리를 해야 한다.

지지의 인목은 인묘진 방합, 인오술 삼합, 인해합목을 한다. 합의 운에서는 상황과 사람에 협력해서 살아남는다. 인목이 인사신(寅巳申) 삼형살을 짤 때, 관재수, 구설수, 사건 사고수, 손재수가 있으니, 인사신 삼형살 운에서는 운전, 말, 행동, 인간관계, 건강을 조심해야 한다. 50대 이후에 인사신 삼형살(三刑煞) 운이 오면 아프거나 입원하거나 수술하거나 교통사고가 있을 수 있으니 삼형살 운에서는 매사 조심해야 한다.

인목이 인해파를 하지만 인해합목을 먼저 하기에 파(破)는 일어나지 않는다. 인사해(寅巳害)는 인목이 사화를 생 하는 목생화(木生火)도 하기에 인사해는 약하게 작용한다. 지지의 형충파해에서 형충(刑沖)은 크게 작용하고 파해(破害)는 작게 작용한다. 인유(寅酉) 원진, 인미(寅未) 귀문 운에서는 신경이 예민해지고 우울증과 불안증을 앓을 수 있다. 원진살은 합도 되고 충도 되기에 사랑하고 미워하는 이중 감정이고, 귀문관살은 신경증적으로 걱정 근심이 많아서 마음이 심란하다. 경인 일주 편재는 돈 관리만 잘하면 부자가 될 수 있다.

28. 신묘 일주 편재(偏財)

　신묘(辛卯) 일주 편재는 경인(庚寅) 일주 편재와 모습이 다르다. 경인 일주는 인목(寅木)의 지장간 무병갑(戊丙甲)이 있어서 재생관(財生官), 관인상생(官印相生)이 되어서 저축만 잘하면 부자도 되고, 직장 생활도 안정적으로 할 수 있다. 신묘 일주 편재는 묘목의 지장간에 정재와 편재만 있어서 자기 기운이 약해서 돈 벌다가 건강이 약해질 수 있기에 건강 관리를 해야 한다.
　편재는 돈 버는 능력으로 부지런하고 성실하지만 돈을 벌어도 돈을 잘 쓰기에 돈이 없을 수 있다. 편재에게 필요한 십성은 식상과 비겁이다. 비겁이라는 추진력과 건강이 있어야 식상을 살리고, 식상이 편재를 살리면 건강하게 돈을 벌 수 있다. 그리고 편재 옆에 관성이 있어서 돈을 쓰는 겁재를 제압하면 편재는 돈을 벌 수 있다. 그러나 사주에 편재가 네 개 이상이고, 비겁도 없고, 식상도 없고, 관성도 없다면, 일만 열심히 하지 돈이 모이지 않는다.
　신묘 일주 편재는 건강 관리를 제일 먼저 해야 한다. 편재는 내 기운을 빼기에 내가 기운이 있어서 건강하게 일하려면 사주에 비겁이 있거나 운(運)에서 비겁이 받쳐주어야 식상을 생하고 식상이 재성을 생하게 한다. 신묘 일주가 사주에 비겁이 없다면, 평소에 잘 먹고, 운동해서 몸을 건강하게 만드는 일을 의지적으로 해야 건강운이 좋게 흐른다.

신묘 일주에게 필요한 오행은 경신금(庚辛金)과 무기토(戊己土)이다. 경신금은 신금(辛金)을 도와서 건강과 생활력을 좋게 하고, 무기토는 신금(辛金)이 기댈 수 있는 안정적인 기반과 인증서가 되기에 신금이 지지의 묘목 재성을 자기 것으로 만들 수 있게 돕는다. 신묘 일주에게 병화(丙火) 운이 오면 신금(辛金)이 병신합수를 해서 금생수(金生水)를 하고, 수 기운이 수생목(水生木)이 되면 좋기도 하지만, 신묘 일주에게 병화 운은 신금의 건강을 더 약하게 만든다.

신묘 일주와 부딪치는 운은 을유(乙酉)와 정유(丁酉) 운이다. 을유 운과 정유 운이 오면 을신충(乙辛沖), 정신충(丁辛沖)이 되면 신금은 아프거나 입원하기도 하지만, 지지에서 묘유충(卯酉沖) 하면서 유금에 해당하는 폐, 대장, 근골계나, 묘목에 해당하는 사지(四肢), 머리, 간, 담, 췌장이 약해질 수 있기에 건강을 관리해야 한다. 합하는 운은 유연하게 상황에 적응해서 살아남고, 충 하는 운에서는 사건 사고가 있을 수 있으니까 조심해야 한다.

신묘 일주와 합이 되는 운은 병술(丙戌) 운인데, 병술 운이 오면 병신합수(丙辛合水)가 된다. 병신합수로 수생목을 하기에 일복이 늘고, 일복이 느니까 돈을 벌 수 있다. 지지로 묘술합화(卯戌合火)를 하면 신금(辛金)이 화기운(火氣運)으로 녹기에 신금(辛金) 입장에서 스트레스가 많고 건강이 약해진다. 합을 해도 신묘 일주에게 신금(辛金)을 도울 경신금이나 무기토가 사주의 연월시주(年月時柱)에 있어야 병술 운이 와도 신금(辛金)이 좋게 작용한다.

신묘 일주 편재의 십이운성은 절지(絶支)이다. 양간 갑병무경임(甲丙戊庚壬)의 절지는 지지의 지장간에 인성(印星)이 있어서 절처봉생(絶處逢生)할 수 있지만, 음간 을정기신계(乙丁己辛癸)의 절지는 이전의 삶을 다 버리고 완전히 새로운 삶으로 변화 변동하기에 힘이 든다. 음간 절지는 상황에 순응하고 환경에 적응하는 유연성으로 살아남아야 한다. 음간 절지는 순종하고 복종하고 참고 견디는 인내심이 강하기에 한 분야만 파면 그 분야에서 전문가가 될 수 있다.

신묘 일주 편재에서 묘목은 인묘진 방합, 해묘미 삼합, 묘술합화를 한다. 신금(辛金) 입장에서 묘목과 다른 지지의 합은 신금(辛金)을 더 괴롭게 한다. 묘목은 묘유충, 자묘형, 오묘파, 묘진해, 묘신원진(卯申元嗔), 묘신귀문(卯申鬼門)을 짠다. 묘진해는 묘진합으로 합을 하기에 해(害)롭지 않다. 묘신원진과 묘신귀문은 신경이 예민하고 우울증과 불안증으로 마음이 힘들 수 있다.

신묘 일주 편재는 일만 열심히 해서 부자가 될 수 있기에 전문직이 좋다. 신묘는 예리하고 예민하기에 외과 의사, 정신과 의사, 시스템 분석가, 정세 해설사 등 분석 전문가 일을 잘한다. 신묘 일주는 평소에 운동으로 건강을 유지하고, 공부하고 자격증 있는 전문가로 직업을 구하면 좋다. 그리고 마음을 내려놓고 관조하는 연습을 하면 좋다.

29. 임진 일주 편관(偏官)

　임진(壬辰) 일주 편관은 진흙 벌, 갯벌, 물 흥건한 토양이다. 생물과 미생물이 많이 사는 물 흙으로 생명체의 탄생지이며 먹을 것이 많은 바다이다. 편관은 일간(태어난 날의 천간)을 제압해서 일간을 관리하고 일간을 사회화시키는 규율, 질서이다. 일간은 편관에게 제압당하기에 스트레스를 받지만, 사회에 적응하고 순응하기에 사회에서 인정받고, 윗사람이나 아랫사람과 인간관계도 잘한다. 사주에 관성이 있어야 사람들과 잘 지내고, 상황과 여건에 맞는 행동과 말을 하게 된다.
　사주에서 관성(官星)은 일간을 합리적으로 다스려서 일간이 사회생활을 하게 한다. 관성은 통념이고 보편이고 객관적 질서이다. 관성은 '나 잘났다고. 나만 주장하는 겁재'를 제압해서 타인과 잘 지내게 하고, 환경에 맞춰 살도록 교육하는 질서 유지자이다. 관성은 일간(나)을 제압해서 사회규율에 복종하게 한다. 사주에 관성이 없다면 자유 영혼이고, 단체나 조직보다는 혼자 하는 일을 좋아하고, 사람들과 화합하기보다는 갈등하면서 산다.

임진(壬辰) 일주 편관은 자기 앞에 주어진 일을 책임지고 완수한다. 편관은 자기를 억누르고 상황과 환경에 적응하는 인내심과 참을성으로 타인을 배려하고, 환경에 맞게 행동하고 말한다. 편관은 스트레스이기에 임진 일주는 임진 일주를 도와줄 경신금(庚辛金)이나 갑을목(甲乙木)이 있으면 좋다. 경신금은 관인상생(官印相生)을 하고, 갑을목은 편관의 스트레스를 완화시킨다.

지지의 진토(辰土) 지장간에는 을계무(乙癸戊)가 있다. 임수 입장에서 을목은 상관, 계수는 겁재, 무토는 편관이다. 임진 일주는 진토의 지장간에 임진 일주가 필요한 오행이 다 들어 있다. 임수는 을목 상관으로 자신감 있게 활동하며 편관 무토를 적절하게 다스린다. 계수 겁재는 편관 무토와 무계합화(戊癸合火)를 해서 임수의 건강함과 자신감을 돕는다.

임진 일주 편관의 십이운성은 묘지(墓支)이다. 묘지는 조용하게 산다. 묘지는 자기 활동 영역 안에서 알뜰하게 살기에 돈이 떨어지지 않는다. 묘지는 저금통이면서 쉬는 공간이다. 묘지는 자기 잘난 척을 하지 않기에 사람들에게 인정받고, 묘지는 겁이 많기에 허세가 없다. 임진 일주 편관 묘지는 겸손하며 사람에게 맞추며 상황에 적응하려고 노력한다. 묘지는 검소하고 근면하게 살려고 노력한다. 임진 일주 묘지는 노후에 알부자가 될 수 있다. 진토의 지장간 을계무에서 무계합화를 하면 화(火) 기운이 임수 입장에서 불기운으로 재성이다. 재성이 묘지에 있다면, 돈 모으기를 잘할 수 있어서 노후에 자기가 쓸 돈이 있다.

임진 일주 편관과 합하는 운은 정유(丁酉) 운이다. 정유 운이 오면 천간으로 정임합목이 되어 활동력이 좋아진다. 지지로 진유합금이 되면 문서운과 승진운이 좋다. 임진 일주와 부딪치는 운은 병술(丙戌)과 무술(戊戌) 운이다. 병술 운과 무술 운이 오면 천간으로 임병충(壬丙沖), 임무충(壬戊沖)을 하고, 지지로 진술충(辰戌沖)을 한다. 충을 할 때는 사건 사고수가 있지만, 천간의 임병충이나 임무충은 좋은 쪽으로 변화 변동하기도 한다.

양간 갑병무경임(甲丙戊庚壬)끼리의 충은 서로 발전할 수 있다. 예를 들어 임병충에서 임수 바다에 병화 태양이 뜨면 아름답고 보기 좋다. 임수 물을 무토 제방이 가두어서 필요할 때 쓰는 저수지로 만들면 임수는 물기운이 마르지 않는다. 지지의 진술충은 변화변동이 심해도 무토 흙 기운은 남아 있기에 임수 입장에서 무토 관성의 제압을 받아내면 직업이나 일에서 자기 성공을 할 수 있다.

지지의 진토는 인묘진 방합, 신자진 삼합, 진유합금을 짠다. 합은 상황에 동화되어 살아남는 지혜로움이다. 사주는 부정적인 방향보다는 긍정적인 방향으로 흐른다. 진진형, 진축파, 묘진해, 진해원진, 진해귀문이 있다. 묘진해는 인묘진방합이 되기에 해(害)가 일어나지 않고, 진진형이나 진축파도 작은 스트레스이다. 진해원진이나 진해귀문은 우울증이나 불안증이기에 원진이나 귀문 운에서는 마음 관리를 잘 하면 된다.

사주에서 발생하는 합형충파해는 견뎌낼 수 있는 시련과 고난이다. 합형충파해가 있다고 해서 다 나쁜 건 아니다. 합형충파해는 변화변동 발전의 새로운 기회이다. 사주 보기는 잘 살기 위해 해석하는 명리학이지 사람을 기운 빠지게 하는 명리학이 아니다.

30. 계사 일주 정재(正財)

계사(癸巳) 일주 정재는 먹고사는 일로 걱정할 게 없다. 정재는 성실하게 일해서 번 돈으로 검소하고 근면하게 산다. 정재는 고정 월급처럼 안정적인 재물이다. 계사 일주(태어난 날)는 책임감 있으며 돈 문제를 확실히 하며 돈 관리를 잘한다. 빚지는 것을 싫어하고 없으면 없는 대로 살고, 있으면 있는 대로 저축하며 알뜰하게 산다. 남자 사주 일주가 정재이면 아내복이 있다. 아내가 착실하게 돈 버는 여성일 수 있고, 아내에게 잘하고 아내를 재산으로 생각하면서 아끼고 사랑한다. 여자 사주 일주가 정재이면 정재가 정관(여자에게 남편)을 생(生) 하기에 남편에게 잘하는 현모양처이다.

계사 일주 정재는 천을귀인(조력자)이기에 삶이 힘들 때 도와주는 상황이나 사람이 나타나서 외롭지 않다. 사화(巳火)의 지장간 무경병(戊庚丙)은 계수 입장에서 무토는 정관, 경금은 정인, 병화는 정재이기에 재생관(財生官), 관인상생(官印相生)의 구조이다. 계사 일주는 공부 열심히 하고 어른 말 잘 듣고 산다면 인생길이 편안하게 흘러간다.

계수 입장에서 사화의 지장간 무토와 무계합화(戊癸合火)도 하기에 재성운(財星運)이 좋아진다. 합(合)은 상황과 사람에 동화되어 자기 기운을 낮추고 상대방과 협력하는 기운으로 유연성과 융통성이다. 합을 하면 갈등하고 싸우기보다는 더 좋은 쪽으로 나아가기 위해 노력한다. 합은 상황에 협력하기에 일간이 손해 보는 것 같아도 크게 보면 공동체의 이익을 만들기에 편안한 삶을 살게 한다.

계사 일주에게 필요한 글자는 수생목(水生木) 하는 식상 갑을목(甲乙木)과 계수의 체력을 돕는 임계수(壬癸水) 비겁이다. 계사 일주는 지지의 사화(巳火)에 정관, 정인, 정재가 다 있기에, 갑을목과 임계수만 사주에 있다면, 공부하고 취업해서 돈 벌고 가정을 이루고 착실하게 살 수 있다. 정재와 정관과 정인은 삼귀(三貴)라고 해서 잘난 척하지 않고, 사치하지 않으며 인생을 착실하게 사는 겸손함과 절제력이다.

계사 일주 정재의 십이운성은 태지(胎支)이다. 태지는 엄마 뱃속에서 안정적으로 사는 모습으로 누군가가 먹여주고 키워주는 보호자이다. 물론 엄마 뱃속에서 언제 유산될지 모르니까, 불안하고 근심 걱정이 있지만, 보편적으로 엄마 뱃속의 태아는 엄마의 보호 아래 잘 자라며 편안하게 놀며 안정적으로 산다. 태지는 뱃속 태아이기에 자기 고집이 없고, 엄마라는 외부 상황과 환경에 자기를 맞추는 의존성과 수동성이다. 태지는 자기주장을 하기보다는 상황과 현실에 맞춰주는 편이고, 부드럽게 대처하는 지혜로움이 있다. 그래서 태지는 조직이나 단체에서 사람들과 함께 일하면서 월급 받는 직업이 좋다.

계사 일주 정재와 합을 하는 운은 무신(戊申) 운이다. 무신 운이 오면 계사 일주는 무계합화(戊癸合火), 사신합수(巳申合水)를 한다.

합을 하면 화(火) 기운 재물 운과 수(水) 기운 건강 운이 좋아진다. 계사 일주와 충이 되는 운은 기해(己亥) 운과 정해(丁亥) 운이다. 기해 운과 정해 운이 오면 천간으로 계기충(癸己沖), 정계충(丁癸沖)을 하고 지지로는 사해충(巳亥沖)을 한다. 충하는 운이 오면, 건강, 돈, 인간관계, 일, 사건 사고를 조심해야 한다. 충할 때는 한쪽은 깨지고 한쪽은 아프기에 매사 조심해야 무탈하게 지나간다.

지지의 사화는 사오미 방합, 사유축 삼합, 사신합수를 한다. 합할 때는 사라지는 기운도 생기지만 사라지면서 다른 기운으로 바뀌기에 긍정적인 쪽으로 변화한다. 사화는 사신형(巳申刑)과 사해충(巳亥沖), 사인해(巳寅害), 사술원진(巳戌元嗔), 사술귀문(巳戌鬼門)을 짠다. 사화 입장에서 신금(申金), 해수(亥水), 인목(寅木), 술토(戌土) 운이 올 때는 사화(巳火)에 해당하는 심장, 소장, 혈관계를 조심해야 하고, 해수(亥水)에 해당하는 신장, 방광, 생식기계의 건강관리를 잘해야 한다. 사화는 인사신(寅巳申) 삼형살도 짜는데, 삼형살 운은 수술, 입원, 다침, 관재수, 손재수가 있을 수 있으니까 운전, 건강, 말, 돈 관계를 조심해야 한다.

사신파(巳申破)는 사신합수를 먼저 하기에 합으로 해석하는 게 좋다. 사주는 화합하는 합(合)이나 생(生)을 갈등하는 충(沖)이나 극(剋)보다 먼저 한다. 계사 일주 정재는 자기만 열심히 일하면 큰 고생 없이 잘살 수 있다.

part 3

가을

의(義)로
수확한다

31. 갑오 일주 상관(傷官)

갑오(甲午) 일주 상관은 말을 잘한다. 상관은 관성(위계 구조)을 상(傷)하게 하는 기질로 기존 질서에 저항하고 부당한 상황을 직설적으로 비판하기에 구설수나 소송수이다. 상관은 머리가 비상하고 똑똑해서 말로 하는 직업이 좋다. 상관은 변호사, 아나운서, 기자, 작가, 예술가, 창조자, 연구원으로 새로운 문명과 질서를 만든다. 상관은 상관생재(상관이 재물을 벌어들인다)하거나, 상관패인(상관이 인성에게 조절당한다)을 하면 쓰임이 더 좋다.

상관이 관리직이나 사무직을 하려면 상관을 제압하는 인성(印星)이 있어야 한다. 인성은 기존 질서를 받아들이는 사회성이다. 인성이 관인상생(官印相生)을 받으면 기존 질서를 지키는 착실한 직업인이 된다. 인성은 객관적인 지식과 정보, 문화를 받아들이는 흡수력이다. 인성은 사회에서 인정받는 자격증, 졸업장, 문서이기에 사회적으로 인증받은 인성이 감성적이고 주관적인 상관을 제압하면 상관은 이해타산이 빠른 실리적인 사회인으로 변한다.

인성 없는 상관이 비겁의 생을 받으면 자기가 하고 싶은 말을 다 하고, 세상 무서운 줄 모르고 행동하다가 소송수나 관재수나 구설수로 시달린다. 상관은 객관성이 약하기에 인성의 극을 받아야 사회성이 좋아진다. 인성 없는 상관은 관성(기존 질서)과 부딪쳐서 사회적 불화를 일으키고 인간관계에서 실패한다. 상관이 자기 주관으로 옳고 그름을 따져서 이기려고 한다면, 인성은 사회에서 통용되는 이론 지식으로 상관을 제압한다. 상관은 자기 말만 열심히 하다가 낭패 볼 수 있기에 인성이 상관을 조절해야 상관이 똑똑해진다.

 상관이 재성(財星)을 만나면 상관생재(傷官生財)를 해서 사업가나 기획자가 되어서 돈을 벌 수 있다. 상관은 돈 버는 쪽으로 머리가 발달해 있다. 상관이 비겁의 생을 받고 재성을 생(生) 하면 부지런하게 일해서 부자가 될 수 있다. 여자 일주 상관이면 자식을 위해 헌신하지만 말 한번 잘못해서 자식과 불화할 수 있고, 상관이 관성(여자에게 남편)을 극(剋) 하기에 남편 운이 약하다. 남자 일주 상관이면 관성(남자에게 자식)을 극(剋) 하기에 자식은 아버지를 무서워한다.

 갑오 일주 상관 오화(午火)의 지장간은 병기정(丙己丁)이다. 갑목 입장에서 병화는 식신, 기토는 정재, 정화는 상관이다. 갑목 입장에서 지장간끼리 식상생재(食傷生財)를 하기에 성실하게 일하며 돈 버는 일을 잘한다. 식신과 상관은 부지런히 일하는 능력이다. 식신과 상관은 자기 창의력과 노력으로 자기만의 생산품을 만들어내는 창조자이다. 유명한 음식점의 요리 솜씨 같은 지적 재산권도 식신과 상관이다.

 갑오 일주 상관의 십이운성은 사지(死支)이다. 사지는 죽은 듯이 지내는 모습으로 겸손하고 착실하고 성실하다. 사지(死支)는 잘났다고 나대지 않고, 주어진 상황에 순종하면서 착하게 산다. 갑목 입장에서 식상생재 하느라고 체력이 약하기에 상관 사지(死支)는 모든 일에 나대지 않고 자기 깜냥으로 자기 분수에 맞게 산다. 갑오 일주 상관은 겉으로는 상관이라서 드세 보이지만, 속으로는 사지(死支)라서 여리고 순하다.

갑오 일주와 합이 되는 운은 기미(己未) 운이다. 기미 운이 오면 갑오 일주는 갑기합토(甲己合土), 오미합화(午未合火)를 해서 직업운과 재물운이 좋아진다. 갑오 일주와 충(沖) 하는 운은 경자(庚子) 운과 무자(戊子) 운이다. 경자 운과 무자 운에서 갑오 일주는 갑경충, 갑무충, 자오충을 한다. 양간(陽干) 갑병무병임(甲丙戊庚壬)에게 양간끼리의 충은 장점도 있기에 크게 나쁘지 않다. 무성한 갑목(甲木)을 경금이 가지치기해주면 갑목은 더 잘 자랄 수 있고, 갑목 입장에서 무토는 뿌리내릴 수 있는 땅이기에 충(沖)이 나쁘지 않다.

지지에서 오화가 자수를 만나서 자오충(子午沖)을 할 때는 오화에 해당하는 심장, 소장, 혈관계를 조심하고, 자수에 해당하는 신장, 방광, 생식기계, 순환계를 조심해야 한다. 오화(午火)는 사오미 방합, 인오술 삼합, 오미합화를 짠다. 화(火) 기운을 짤 때는 갑목 나무가 불타 없어질 수 있으니까 대운이나 세운(歲運)에서 임계수(壬癸水)가 들어오면 좋다. 오화는 오오형, 오묘파, 축오해, 축오원진, 축오귀문을 짜는데, 이런 운이 오면 매사 조심해야 한다. 갑오 일주는 지식 전문가로 살아야 편안하다.

32. 을미 일주 편재(偏財)

 을미(乙未) 일주 편재는 돈을 벌 수 있다. 돈을 벌려면 식신과 재성과 비겁이 있어야 한다. 을미 일주는 미토의 지장간에 정을기(丁乙己)가 있다. 을목 입장에서 정화는 식신, 을목은 비견, 기토는 편재이다. 돈을 벌려면 체력과 경쟁력이 있어야 하는데, 비견이 체력과 경쟁력이다. 식신은 돈을 벌 수 있는 기술과 재능이다. 재성은 열심히 일하는 능력이다. 을미 일주 편재는 비견의 추진력과 식신의 기술력으로 식신생재(食神生財)로 열심히 일해서 돈을 벌 수 있다.
 편재는 벌어들이는 돈도 되지만, 과소비하는 돈도 되고, 대출한 돈도 되고, 빚진 돈도 된다. 정재가 안정적인 돈이라면, 편재는 들어 왔다 나갔다 하는 돈으로 불안정한 돈이다. 편재가 불안정한 돈이기에 사주에 편재가 있다면 가계부를 쓰면서 돈 씀씀이를 관리해야 돈이 모인다. 편재는 돈이 있으면 일단 쓰고 보기에 돈을 아무리 벌어도 돈이 없을 수 있다. 을미 일주 편재에게 사주에 정관 경금(庚金)이 있다면 돈을 쓰는 비겁을 관리해서 돈을 모을 수 있다.

사주에 편재가 네 개 이상이면 재다신약(財多身弱)이라서 돈을 관리하지 못한다. 재다신약은 일을 열심히 하고 돈을 벌지만, 돈이 모이지 않고 다 나간다. 사주가 신약(사주에 인성이나 비겁이 없음)하면 체력도 약하고 의지력도 약해서 번 돈을 다 잃어버릴 수 있다. 사주가 재다신약이면 번 돈을 땅이나 부동산에 묶어 두고 낭비하지 말고 근검하게 살아야 부자가 될 수 있다. 재다신약은 이른 나이에 병치레를 할 수 있기에 평소에 건강 관리를 열심히 해야 한다.

을미 일주 편재는 미토의 지장간에 정을기(丁乙己)가 있어서, 을목 비견이 을목 일주를 돕기에 건강하다. 을미 일주 편재는 건강함(비견)으로 생활력(식신)을 발휘해서 기토 편재를 자기 손에 쥘 수 있다. 을미 일주 편재에게 필요한 글자는 경금(庚金)와 임계수(壬癸水)이다. 경금 정관은 을목의 재물을 빼앗아가는 다른 을목과 경을합금(庚乙合金)을 해서 관성 역할을 하면 사회생활과 경제생활을 잘하게 한다. 을목에게 임계수는 인성(印星)으로 작용해서, 을목의 문서운을 좋게 만든다.

을미 일주 편재의 십이운성은 양지(養支)이다. 양지는 보호받고 자라기에 인맥운과 조력자 운이 좋다. 양지는 누군가가 먹여주고 길러주고 입혀준다. 을목은 미토(未土)에서 화려하고 안정적인 꽃으로 자란다. 미토는 양력 7월로 한여름의 땅이고, 시간으로는 오후 1시 반에서 3시 반으로 한낮이다. 양력 7월의 한낮에 피어 있는 꽃나무가 을미 일주이다. 을목에게 미토 양지(養支)는 꽃나무가 피어 있기에 좋은 땅이다.

을미 일주 편재와 합하는 글자는 경오(庚午) 운인데, 경오 운이 오면 경을합금(庚乙合金), 오미합화(午未合火)를 한다. 합은 주어진 환경에 맞추고 융통성을 발휘해서 살아남는다. 합이 있으면 일간이 사라진다고 부정적으로 해석하는데, 합은 일간이 사라지는 게 아니라 주어진 상황에 맞춰서 중용적으로 살아남는 지혜로움이다.

을미 일주 편재와 충(沖) 하는 운은 신축(辛丑) 운과 기축(己丑) 운이다. 신축 운과 기축 운이 오면 을미 일주는 을신충(乙辛沖), 을기충(乙己沖), 축미충(丑未沖)을 하기에 돈, 건강, 인간관계, 말, 행동을 조심해야 한다. 충 하는 운에서는 사건 사고, 입원, 수술, 관재수(官災數), 손재수(損財數)가 있을 수 있다. 충 하는 운에서는 매사 조심하고 사회질서를 잘 지키고 건강 관리를 잘해야 한다.

을미 일주 편재에서 미토는 사오미 방합, 해묘미 삼합, 오미합화를 한다. 합은 갈등 없이 화합한다. 미토는 축토와 축미충(丑未沖)을 하는데, 충은 한쪽은 깨지고 한쪽은 아프기에 건강, 운전, 인간관계를 조심해야 한다. 미토는 축술미 삼형살도 짜기에 대운과 세운과 월운에서 축술미 삼형살을 짤 때는 입원, 수술, 손재수, 관재수가 있을 수 있으니 말, 행동, 돈, 인간관계, 운전을 조심해야 한다. 미토는 술토와 술미파(戌未破)을 짜는데, 이때 축술미 삼형살로 가는지 잘 계산해야 한다. 자미해(子未害)와 자미원진(子未元嗔), 인미귀문(寅未鬼門) 운에서도 마음 관리와 자기 관리를 잘해야 불안증이나 신경증이나 우울증을 이겨낼 수 있다. 을미 일주는 자기 힘이 있기에 자수성가 하면서 인생을 즐겁게 살 수 있다.

33. 병신 일주 편재(偏財)

병신(丙申) 일주 편재는 돈벌이를 열심히 한다. 신금(申金)의 지장간에 무임경(戊壬庚)이 있다. 병화 입장에서 무토는 식신(食神), 임수는 편관(偏官), 경금은 편재(偏財)이다. 병화가 식신 무토를 살려서 식신생재(食神生財)로 경금 편재를 손에 쥘 수 있고, 임수 편관이 돈을 빼앗아가는 비겁을 제압하기에, 병신 일주는 돈을 벌 수 있다. 관성(官星)은 일간과 사람을 제압해서 일간의 재물을 지키고 합리적으로 사회생활을 하게 한다.

일주가 편재인데, 연월시주(年月時柱)에도 편재가 있어서 재다신약(財多身弱)이면 돈 벌기 힘들다. 재다신약은 일만 열심히 하지 돈을 벌어도 돈이 모이지 않는다. 재다신약이 돈을 손에 쥐려면 비견이 있어야 하고, 겁재를 제압할 관성이 사주나 대운(大運)에 있어야 한다. 사주에 비겁 없이 재성과 관성만 많고, 대운에서도 재성과 관성 운이면 건강이 약해지고 우울증이나 불안증으로 시달릴 수 있다. 이런 운에서는 욕심을 내려놓고 자족하며 건강관리를 제일 우선으로 해야 한다.

사주는 오행과 십성이 골고루 들어 있는 게 좋다. 어느 한 오행만 있어서 오행이 한쪽으로 치우친 사주는 사는 게 힘들다. 사주는 목화토금수(木火土金水) 오행이 골고루 있고, 음양(陰陽)이 조화되면 좋다. 대부분 사주는 80% 이상이 중화된 사주라서 사주가 나쁘게 태어난 사람은 드물다. 사주는 잘살기 위해 움직이는 기운의 흐름이다. 사주를 나쁘게 해석하는 사주 해석가가 있을 뿐이지, 대부분 사주는 좋은 편이고 나쁜 사주는 거의 없다.

병화(丙火)는 긍정적이고 낙관적이다. 일간(태어난 날)이 병화이면 사람들에게 희생적이다. 병화는 하늘의 태양으로 세상을 밝게 비추면서 생명체를 살린다. 병화는 갑을목에게 목생화(木生火)로 생(生)을 받으면 꺼지지 않는 불이 되고, 병화가 갑을목 생명체를 광합성을 시켜서 더 잘 키우기에 갑을목과 병정화는 서로에게 상보적(相補的)인 관계이다. 병화는 임수(壬水)와 함께 지구의 기후를 조절하고, 경신금이라는 광물을 녹여서 생활 도구를 만든다. 그래서 사주에 병화 하나쯤 있다면 먹고살 수 있는 재능이나 기술이 좋다.

병신 일주 편재의 십이운성은 병지(病支)이다. 병지는 늙고 아픈 시기로, 몸과 마음이 약하기에 사람을 이해하는 마음이 너그럽다. 병지는 큰 욕심 내지 않고, 자기 한 몸 건강하면 된다는 소박한 욕망으로 필요한 돈만 욕심내며 일을 크게 벌이지 않는다. 병지는 자기 분수에 맞게 살며 건강함을 행복으로 생각한다. 병지는 돈 욕심이나 명예 욕심을 내려놓고 자기 평화를 찾는다. 병지는 삶의 에너지가 순해서 타인과 경쟁하기보다는 타인과 화합하려고 한다.

병신 일주 편재 병지(病支)는 적당한 돈만 있으면 된다는 마음이기에 신금(申金)의 지장간 무임경(戊壬庚)이 식신생재를 하고 편관 임수로 번 돈을 관리하며 자기 만족적으로 산다. 병신 일주 편재가 돈 욕심을 크게 내서 투기하거나 도박이나 노름을 하면 돈을 잃어버릴 수 있다. 병신 일주 편재 병지는 돈 욕심을 내려놓고 있는 돈을 관리하면서 소박하게 살면 돈 걱정 없이 살 수 있다.

병신 일주와 합이 되는 운은 신사(辛巳) 운(運)이다. 병신 일주는 신사(辛巳) 운에서 병신합수(丙辛合水), 사신합수(巳申合水)를 하기에 병화 입장에서 수 기운으로 제압당하면 병화가 조절되어서 자기 욕망을 적정선에서 멈추고 타인과 잘 지내며 타인에게 인정받으며 산다. 병신 일주와 충(沖) 하는 운은 임인(壬寅)과 경인(庚寅) 운이다. 병신 일주는 임인 운과 경인 운에서 병임충(丙壬沖), 병경충(丙庚沖), 인신충(寅申沖)을 하기에 임인과 경인 운에서는 건강, 돈, 인간관계, 말, 행동, 사건 사고를 조심해야 한다.

병신 일주 지지의 신금(申金)은 신유술 방합, 신자진 삼합, 사신합수를 한다. 신금이 인사신(寅巳申) 삼형살을 짜는 운에서는 건강, 돈, 인간관계, 말, 행동, 운전을 조심해야 한다. 형살(刑煞)은 수술, 입원, 사기, 피해, 관재수(官災數), 구설수(口舌數), 손재수(損財數)이다. 신해해(申亥害), 신묘원진, 신묘귀문의 운에서는 정신 건강을 관리해야 한다. 사신파(巳申破)는 사신합수를 먼저 하기에 작용이 약하다. 병신 일주 편재 병지는 안정적인 월급 생활을 하면 무탈하게 잘살 수 있다.

34. 정유 일주 편재(偏財)

정유(丁酉) 일주 편재는 천을귀인(조력자)이다. 정화 입장에서 유금의 지장간 경금(庚金)과 신금(辛金)을 조절해서 돈이라는 결과물을 만들어낼 때, 천을귀인 조력자가 있어서 돈벌이를 잘할 수 있다. 편재는 돈을 벌기 위해 자기 힘을 쓰고, 돈을 좇는 부지런한 일꾼으로 투잡, 쓰리잡도 한다. 그러나 편재는 돈을 벌어도 돈 씀씀이가 헤프기에 돈이 없을 수 있다. 사주에 겁재도 있고, 편재도 있다면, 돈을 모으기보다는 돈 쓰기를 잘한다. 겁재는 돈을 쓰고, 편재는 과시 소비를 하기에 사주에 겁재와 편재가 있다면 돈 관리를 잘해야 한다.

겁재가 사주에 두 개 이상이면 돈을 낭비하고 주식이나 코인이나 계(契)에 돈을 투자했다가 낭패 볼 수 있다. 겁재는 앞으로는 돈을 벌어도 뒤로는 손해 보기에 사주에 겁재가 두 개 이상이면 적은 돈이라도 저축해야만 돈을 벌 수 있다. 사주에 겁재가 두 개 이상이면 예금이나 적금이나 부동산에 투자하고, 빚을 지거나 대출하지 말아야 돈을 번다.

편재는 과시 욕망과 지배 욕망이 있고, 오지랖이 넓어 사람에게 인정받고 싶어서 돈 쓰기를 좋아한다. 정재가 근검절약하는 돈이라면, 편재는 사고 싶은 물건 사고, 사람 만나서 즐기는 일을 좋아하기에 돈을 생각 없이 쓰다가 가난해질 수 있다. 사주에 겁재와 편재가 가까이 붙어 있다면, 투자하는 돈도 잃어버릴 가능성이 있다. 사주에 겁재가 두 개 이상, 편재가 두 개 이상이면 돈을 부동산이나 예금, 적금에 묻어두고 돈을 쓰지 말아야 부자가 된다.

정유 일주 편재에서 유금의 지장간에 경금(庚金)과 신금(辛金)이 있다. 정화 입장에서 경금은 정재이고 신금은 편재이다. 정화는 경신금을 녹여서 실생활에 필요한 물건을 만들어내는 불기운이기에, 경신금이 돈이다. 정화 입장에서 경신금은 재성(財星)으로 무한정 사용할 수 있는 지하자원이며 광물이며 실질적인 열매이다. 정유 일주는 돈놀이 같은 투기만 하지 않으면 돈이 떨어지지 않는다. 정유 일주는 큰 욕심만 부리지 않는다면 인생 편하게 살 수 있다.

정유 일주 편재의 십이운성은 장생이다. 장생은 건강하고 적극적으로 살기에 인생을 즐기면서 산다. 장생은 낙관적이고 긍정적이고 포기하지 않고, 하고 싶은 일을 도전하며 산다. 정유 일주와 합이 되는 운은 임진(壬辰) 운이다. 정유 일주가 임진 운을 만나면 천간으로 정임합목(丁壬合木), 지지로 진유합금(辰酉合金)이 되어 부동산운, 승진운, 재물운이 좋아진다.

정유 일주가 충(沖)하는 운은 계묘(癸卯) 운과 신묘(辛卯) 운이다. 계묘운과 신묘운이 오면 천간으로 정계충(丁癸沖), 정신충(丁辛沖), 지지로 묘유충(卯酉沖)이 일어나서 건강, 돈, 인간관계가 힘들어질 수 있으니까 충 하는 운에서는 말, 행동, 돈, 인간관계, 운전을 조심해야 한다. 정유 일주 지지의 유금은 신유술 방합, 사유축 삼합, 진유합금을 한다. 합을 할 때는 상황에 협력하고 사람과 타협하면서 살아남는다. 합은 화합하고 겸손해지고 상황에 순응한다. 합은 갈등하지 않고 상호 이익으로 흐르는 운이다.

정유 일주 지지의 유금이 묘유충을 할 때는 부딪쳐서 깨지기에 묘목에 해당하는 간, 담, 췌장, 사지(四肢)가 약해지고, 유금에 해당하는 폐, 대장, 근골격계가 약해진다. 묘유충을 할 때는 뼈, 관절이 약해지니까 골절당하지 않게 넘어지지 말고, 운전을 조심해야 한다. 유유형(酉酉刑)은 날카로운 쇳조각에 다치는 기운이라서 칼을 조심해야 한다. 자유파(子酉破)는 음지(陰支)끼리의 금생수(金生水)라서 생(生)의 기운이 약하다.

인유원진(寅酉元嗔), 자유귀문(子酉鬼門) 운에서는 우울증, 불안증, 신경증을 앓을 수 있으니까 마음 관리를 잘하면 된다. 살다 보면 고난과 시련이 늘 있다. 원진 운와 귀문관살 운에서 마음이 아프지만, 정유 일주는 천을귀인이기에 고난과 시련을 이겨내는 정신력이 좋고, 의외의 사람에게 도움을 받을 수 있다. 유술해(酉戌害)는 신유술 방합을 하기에 해(害)가 작용하지 않는다.

정유 일주 편재는 큰 욕심으로 돈을 주식이나 가상화폐나 건물에 투자했다가는 돈을 잃어버릴 수도 있지만, 보통은 재물운이 좋은 일주이다. 태어난 일주가 정유 일주 편재 장생이면 긍정적이라서 부지런하게 일하고 성실하게 돈을 모아서 부자가 될 수 있다.

35. 무술 일주 비견(比肩)

무술(戊戌) 일주 비견은 인내심과 참을성이 좋다. 비견은 어깨에 진 짐을 견딘다는 의미로 생존력이다. 사주에 비견(比肩) 하나쯤 있어야 세상 살면서 친구도 있고, 자기 의지도 세울 수 있고, 시련에 맞서서 고난을 이겨내는 경쟁력이 있다. 비견은 자유 의지이고, 세상을 사는 자신감이며 적극적 행동력이다. 비견은 타인과 잘 지낼 수 있는 인간관계를 맺을 수 있고, 자신을 믿고 앞으로 나아가는 의지력으로 사주에서 비견 하나는 있어야 좋다.

비견이 지장간(支藏干)에 숨어 있어도 비견이 자기 역할을 하기에 사주를 볼 때 지장간에 있는 비견까지 계산해야 한다. 천간의 비견은 직접 작용하지만, 지지의 비견은 은근하게 일간을 밀어주는 힘이다. 비견은 경쟁력, 승부 욕망, 추진력, 인덕, 자신감, 자존감으로 작용한다. 겁재는 비견보다 자기 과신이 지나쳐서 타인을 지배하거나 사물을 통제하는 힘이 더 강해서 독재자 기질이다. 겁재는 겸손을 연습하고, 타인을 존중하고, 타인이 나와 다르다는 다양성을 인정해야 타인과 잘 지낸다.

　비견이 식상을 생하고 식상이 재성을 생하면 식상생재(食傷生財)가 되어 돈을 벌 수 있다. 비견 없이 식상이 식상생재를 하면 체력이 떨어지고 인맥도 약해서 식상생재를 제대로 할 수 없다. 비견이 식상을 밀어주어야 식상이 힘을 내서 식상생재를 하기에 비견은 돈을 버는 근원이다. 그러나 비견과 겁재 합쳐서 비겁이 사주에 네 개 이상이면 사람을 지배하고 사물을 통제하기에 인간관계에서 실패를 맛볼 수 있고 돈도 잃어버릴 수 있다. 사주에 비견이나 겁재는 하나만 있는 게 좋다.

　비견은 겁재와 다르게 타인을 인정하기에 인간관계에서 무난하고, 이해타산을 공정하게 해서 받으면 돌려주는, 주고받는 보상관계를 잘한다. 비견은 타인과 갈등하고 다투기보다는 협조하면서 공존한다. 비견은 사람을 평등하게 보는 인간주의이기에 사람과 사물에 대한 합리적인 책임감과 의무감을 잘 지킨다.

　무술 일주 비견 술토의 지장간에 신정무(辛丁戊)가 있다. 무토 입장에서 신금(辛金)은 상관, 정화는 정인, 무토는 비견이다. 상관은 관성(질서)에 저항해서 관재수, 구설수를 유발하지만, 사주에 정인이 있다면 정인이 상관을 극(剋) 하면서 다스리면 상관이 조직 질서에 적응하는 똑똑이로 변한다. 정인에게 다스려진 상관은 객관적으로 변해서 말을 논리적으로 잘하고, 입바른 말을 잘해서 변호사, 언론인, 정치인, 작가, 창조적인 일을 잘한다. 정인이 상관을 극(剋) 하면 이론과 실천이 겸비된 지식인이 될 수 있다.

　무술 일주 비견은 술토의 지장간에 정화(丁火) 정인이 신금(辛金) 상관을 조절하기에 똑똑하고, 무토(戊土) 비견이 있어서 체력도 좋다.

무술 일주 비견이 공부하는 쪽으로 직업을 잡는다면 전문가가 될 수 있고, 연구원, 학자, 교수, 개발자, 기획자, PD 일을 잘할 수 있다. 무술 일주는 괴강살(魁剛煞)이라서 우두머리 기질인데, 무술 일주가 십이운성으로 묘지(墓支)라서 괴강살의 영향력이 크지 않다. 무술 일주 비견의 십이운성은 묘지(墓支)인데, 묘지는 있는 듯 없는 듯 조용하게 산다. 묘지는 인생의 현자(賢者)로서 아는 것이 많고, 근면 검소하게 산다. 과시하며 잘난 척하지 않는다.

 무술 일주와 합이 되는 운은 계묘(癸卯) 운인데, 계묘 운이 오면 무계합화(戊癸合火), 묘술합화(卯戌合火)로 조력자운, 문서운, 승진운, 인정받는 운이 좋아진다. 무술 일주가 충이 되는 운은 갑진(甲辰) 운과 임진(壬辰) 운인데, 갑진 운과 임진 운이 오면 갑무충(甲戊沖), 임무충(壬戊沖), 진술충(辰戌沖)이 되기에 건강, 말, 행동, 운전, 돈, 인간관계를 조심해야 아프지 않고 잘 지나간다.

 술토는 신유술 방합, 인오술 삼합, 묘술합화를 한다. 합하는 운에서는 타협하며 살기에 무탈하게 지나간다. 술토가 진술충, 축술미 삼형살을 짤 때는 건강, 돈, 인간관계를 조심하면 된다. 유술해(酉戌害)는 신유술 방합을 짜기에 해(害)보다는 합(合)으로 보면 된다. 자유파는 음지(陰支)끼리 생(生) 한다고 해서 파(破)라고 한다. 사주는 음양의 조화를 더 좋게 본다. 사술원진과 사술귀문을 짤 때는 마음이 심란하고 신경이 예민해지기에 마음 관리를 잘해야 한다. 무술 일주는 수확하기 직전 열매가 풍성한 대지이다.

36. 기해 일주 정재(正財)

기해(己亥) 일주 정재는 살기 편하다. 해수의 지장간에 무갑임(戊甲壬)이 있는데, 기토 입장에서 무토는 겁재, 갑목은 정관, 해수는 정재이다. 기토 입장에서 무토 겁재는 기토를 돕는 사람, 건강, 추진력, 독립심이고 기토가 기댈 수 있는 언덕이다. 음간(陰干) 기토 입장에서 양간(陽干) 무토 겁재가 편재 계수와 무계합화(戊癸合火)를 해서 화(火) 기운이 되면 기토에게 인성으로 변해서 기토에게 좋은 역할을 한다. 그리고 무토 겁재가 돈 씀씀이가 큰 계수 편재를 합해 주기에 돈 관리를 하게 한다. 음간 을정기신계(乙丁己辛癸)에게 겁재는 좋은 역할을 한다.

정재(正財)는 성실하게 일해서 번 돈으로 정재가 정관을 생하면 재생관(財生官)이라고 해서 직장에서 승진하고 인정받는다. 여자 일주 정재이면 정관인 남편을 생(生) 하기에 남편에게 잘하고 남편을 출세시킬 수 있다. 남자 일주 정재이면 정관을 생 하기에 직장에서 인정받고, 남자에게 정관은 자식이기에 자식에게 잘해서 자식을 출세시킬 수 있다. 일주가 정재이면 웬만하면 사회와 타협하면서 주어진 현실을 인정하고 열심히 일해서 돈을 알뜰하게 모아 부자가 될 수 있다.

기해 일주 정재는 해수의 지장간 무토가 기토의 돈을 빼앗아갈 수 있으니까 돈 관리를 잘해야 한다. 기토에게 무토는 건강한 체력이 되어주고 기댈 기둥도 되지만, 기토의 돈을 빼앗아가는 사람, 혈육도 되기에, 기해 일주는 기본적으로 주는 삶, 나누는 삶을 사는 편이다. 돈을 벌었을 때 자기만을 위해서 혼자 쓰지 않고, 무토 겁재와 나누면서 산다.

기해 일주 입장에서 해수의 지장간 무토와 합을 해줄 계수 편재가 사주에 없다면, 임수 정재를 활용해서 돈을 벌 수 있다. 그리고 무기토 일주는 흙 기운이라서 사주에 갑을목 나무가 있어야 좋다. 무기토는 갑을목 나무가 있어야 흙이 건강하다. 갑을목은 기토 일주에게 관성인데, 기토가 정관 갑목과는 갑기합토를 하기에 기토의 토대가 더 단단해져서 사회에서 인정받는다. 관성은 주어진 질서를 지키는 책임감이다. 기토가 갑목이라는 정관 질서를 지키기에 사회생활에서 갈등하지 않고 잘 지낸다. 관성은 재물을 빼앗아가는 겁재를 제압하기에 무기토 입장에서 갑을목 관성이 있으면 돈을 빼앗기지 않고 보호한다.

정재는 알뜰하고 근면 검소하기에 과시 소비를 하지 않고 돈을 착실히 모은다. 해수 속의 갑목 정관이 해수 속의 무토 겁재를 제압해서 무토가 기토의 재산을 가져가지 못하게 막고, 임수 정재가 갑목 정관을 생(生) 해주는 재생관을 하기에 기토 입장에서 지지의 해수는 좋은 짝꿍이다. 정재와 정관과 정인은 기존 질서를 따르면서 모범적으로 살기에 타인과 불화하지 않고 평화롭게 산다.

기해 일주 정재의 십이운성은 태지(胎支)이다. 태지는 외부의 보호가 있기에 외부 권력에 순응하며 산다. 태지는 엄마 뱃속에서 엄마의 영양분으로 자라는 아기이기에 조력자와 보호자가 있다. 엄마가 독해서 아기를 떼지 않는 한 십이운성 태지는 안전하다. 태지는 자기 의지보다는 엄마라는 바깥 환경으로 보호받고 자라기에 외부 상황에 자기를 맞추면서 산다.

기해 일주 정재와 합하는 운은 갑인 운이다. 갑인 운이 오면 갑기합토(甲己合土), 인해합목(寅亥合木)을 해서 비겁과 관성이 되면 기토 입장에서 흙에 뿌리 내린 나무들(생산물)이 안정적으로 잘 자란다. 기토에게 갑을목은 관성으로 직업 운이기에 직장에서 승진하거나 인정받는다. 관성은 기토의 재물을 빼앗아가는 겁재를 제압해서 기토의 재산을 보호하고 조직에 적응하게 한다.

기해 일주와 충하는 운은 을사(乙巳) 운과 계사(癸巳) 운이다. 을사 운과 계사 운이 오면 천간으로 을기충(乙己沖), 계기충(癸己沖), 지지로 사해충(巳亥沖)이 일어나기에 매사 조심해야 한다. 충 하는 운에서는 병 들거나, 입원하거나, 수술하거나, 돈 문제로 고생하거나, 인간관계에서 갈등이 일어난다. 해수는 해해형(亥亥刑) 운이 오면 물조심을 해야 한다. 인해파는 인해합목(寅亥合木)으로 먼저 작용하기에 파(破)가 일어나지 않는다. 신해해(申亥害)와 진해원진(辰亥元嗔), 진해 귀문(鬼門)에서는 우울증이나 불안증이 있기에 마음 관리를 잘해야 한다. 기해 일주는 성실하고 알뜰하고 세상과 타협하면서 살기에 크게 고생하지 않는다.

37. 경자 일주 상관(傷官)

경자(庚子) 일주 상관은 똑똑하고 창의적이기에 예술이나 방송 방면에서 일하면 좋다. 상관은 좋은 의미로는 기존의 부조리한 질서(관성)를 무너뜨리고 새로운 질서는 만들어내는 혁신가, 선구자, 이단아이다. 태어난 일주가 상관이면 기존 사회에 순순하게 적응하기보다는 격하게 입바른 말로 반항하면서 부조리한 사회를 비판한다. 상관의 좋은 점은 옳지 않은 현실을 고치려고 하고, 세상을 정의롭게 바꾸려고 한다는 점이다.

일간(나)의 기운을 바깥으로 내보내는 상관은 사람을 좋아하고 사람에게 친절하게 잘해주다가도, 자기 비위에 거슬리면 말로 공격해서 사람에게 상처를 가하고, 상황을 어색하게 만든다. 상관의 단점은 상황이 자기 위주로 돌아가야 좋아하기에 처음에는 조직이나 단체 생활을 잘하는 듯 보이다가도 나중에는 자기주장만 하다가 기존 질서에서 이탈한다는 것이다.

상관이 직접적으로 관성을 만나지 않고 매개자인 재성을 만나면 상관생재(傷官生財)를 해서 재생관(財生官)으로 관성을 생(生) 하면 좋다. 상관이 관성을 극 하지 않으려면 사주에 재성(財星)이 뿌리가 튼튼하게 상관 옆에 있어야 한다. 상관이 재성을 생하고 재성이 관성을 생 하면 상관은 관성을 극 하지 않는다. 사주는 생(生)을 먼저 하기에 생(生) 함이 있으면 극(剋)을 하지 않는다. 남자 일주 상관은 자식과 인연이 약하고, 여자 일주 상관은 남편과 인연이 약하다.

상관은 기존 질서와 부딪칠 때 자기주장만 하다가 상황에 어울리지 못해서 자기식의 자유로운 삶을 사는 프리랜서이다. 상관은 관성(기존 질서)과 부딪치기에, 기존 질서가 자기 마음에 들지 않으면 불평불만하면서 단체 생활에 적응하지 못한다. 상관은 관성(조직 질서)을 극(剋) 하려고 하기에 우두머리 기질과 대장 기질이 있지만, 객관성과 공정성이 부족해서 외톨이가 될 수 있다. 상관은 사람을 좋아하고 사랑하고 자기 편으로 만드는 애교가 있지만, 이해타산적인 면이 있어서 변덕이 심한 편이다. 그래서 상관은 사주에 인성이 있어야 좋다.

상관이 인성(印星)에게 극을 당해서 조절되면 합리적이고 객관적인 똑똑이가 된다. 일주가 상관이면 월주(月柱)에 인성이 있으면 상관이 좋게 작용한다. 인성에게 극 당한 상관은 지식 정보 면에서 똑똑이가 되어 선생님, 교수, 연구원, 광고, 방송, 연예, 기획 일에서 전문가가 된다. 상관을 제압하는 인성이 있거나, 상관을 상관생재로 이끄는 재성이 있다면 상관은 자기 일에서 전문가가 되어 돈벌이를 잘한다.

경자 일주 상관의 십이운성은 사지(死支)이다. 사지는 죽은 듯이 지낸다는 의미로 상황에 져주고, 자기를 낮추면서 산다. 경자 일주 사지(死支) 상관이 사람들과 토론이나 경쟁에서 이기려고 하면 반드시 사주에 인성이 있어야 한다. 상관이 사지(死支)이면 사장이나 우두머리 일을 하기보다는 참모나 보좌진 일을 하는 게 좋다. 경자 일주 상관은 사지(死支)라서 사람들의 심리를 꿰뚫어 보지만, 사지는 죽은 자의 지혜로움이기에 현실에서 돈을 많이 버는 사업가이기보다는 인생의 의미를 탐구하는 현자(賢者)이다. 현자(賢者)의 삶은 돈 욕심을 내기보다는 인생의 가치를 추구하며 물질보다는 정신에 비중을 두는 비세속적(非世俗的)인 면이 있다.

경자 일주 상관과 합이 되는 운은 을축(乙丑) 운이다. 을축 운이 오면 천간으로 경을합금(庚乙合金)을 하고 지지로 자축합토(子丑合土)를 하기에 합의 운에서는 상황에 협력하고 타인과 타협하기에 무난하게 운이 흐른다. 경자 일주와 충(沖) 하는 운은 병오(丙午)와 갑오(甲午) 운이다. 병오 운과 갑오 운이 오면 천간으로 경병충(庚丙沖), 갑경충(甲庚沖)을 하고 지지로 자오충(子午沖)을 하기에 천간과 지지가 충이 되면 한쪽은 부서지고 한쪽은 아프다. 충 하는 운에서는 건강, 돈, 인간관계, 말, 행동을 조심해야 손재수와 구설수과 관재수를 피할 수 있다.

경자 일주 지지의 자수(子水)가 해자축 방합, 신자진 삼합, 자축합토를 할 때는 주어진 환경에 적응하고 순응한다. 자수가 자오충, 자묘형, 자유파, 자미해, 자미원진, 자유귀문을 짤 때는 사건 사고가 있을 수 있으니까, 인간관계, 돈, 행동, 말을 조심해야 한다. 경자 일주 상관은 개인 사업이나 프리랜서로 자기가 하고 싶은 일을 하면서 살면 행복하다.

38. 신축 일주 편인(偏印)

　신축(辛丑) 일주 편인은 철학자이다. 신금(辛金)은 예민하고 예리하고 정확하고, 축토(丑土)는 차가운 기운을 가진 땅으로 이성적이고 논리적이고 냉정하다. 철학은 인생의 근원을 사색하는 일이기에, 신축 일주는 논리적으로 삶을 탐구하는 철학자이다. 정인(正印)은 합리적으로 기존 질서를 인정하고 따른다면, 편인은 기존 질서의 부조리를 비판하면서 삶의 의미를 찾는다. 편인도 인성(印星)이기에 사회에서 보편적으로 통용되는 지식과 정보를 받아들이며, 자격증, 학력, 증명서, 조력자, 보호자 역할을 한다.
　인성(印星)이 사회 질서를 받아들이고 적응한다면 식상(食傷)은 기존 질서를 비판하면서 개혁한다. 사회 질서를 유지하는 인성이 사회를 개혁하는 식상을 극(剋) 하면 식상이 함부로 나대지 않고, 사회적으로 변하기에 식상이 더 똑똑해진다. 식상(食傷)이 감정적으로 세상을 파악한다면, 인성은 이성적(理性的) 지식으로 세상을 파악한다. 식상이 자기만의 창의성이라면 인성은 통용되는 지식을 기반으로 하는 창의성이다. 인성의 창의성이 보편적이라면, 식상의 창의성은 기발하고 독창적이다.

편인은 어느 한 분야에서 탁월하게 전문가이다. 사주에 편인이 있다면, 자기가 좋아하는 분야에서 똑똑한 전문가가 될 수 있다. 편인은 하나만 깊게 파는 집중력이다. 편인과 정인은 공부하는 일을 좋아하고, 되도록 객관적인 증거로 말하고, 사회적으로 통용되는 생활방식으로 산다. 편인과 정인이 관성으로 생을 받으면 관인상생(官印相生)이 되어서 사회성이 좋아지고 사회에서 인정받는 삶을 산다.

신축 일주는 축토의 지장간에 계신기(癸辛己)가 있는데, 신금(辛金) 입장에서 계수는 식신, 신금(辛金)은 비견, 기토는 편인이다. 신금이 기토 편인의 생을 받고, 신금 비견은 평등한 인간관계를 맺고, 계수 식신의 생활력으로 자기가 하고 싶은 일을 하며 산다. 신금(辛金)은 완성된 제품으로 타인의 간섭이나 명령을 싫어하고, 자기 세계에 자족하며 산다. 신축 일주 편인은 자기 영역을 인정받는 연구원, 의약사, 전문직, 변호사, 작가, 편집자로 남에게 지시받지 않고 자기 일을 자유롭게 할 수 있는 직업이 좋다.

신축 일주 편인의 십이운성은 양지(養支)이다. 양지는 먹여주고 길러주는 양육자이다. 양지는 양육자가 있기에 자기 고집부리지 않고 어른 말 잘 듣고, 학교 공부를 무난하게 하며, 편안하게 인생길을 가려고 한다. 양지는 보호자이기에 살면서 인덕(人德)과 의외의 귀인(貴人)이 있다. 신축(辛丑) 일주 편인 양지(養支)는 보호받는 종자, 씨앗, 핵이고, 차가운 땅속의 보석이기에 실리적이고 합리적으로 자기 관리를 한다.

신축 일주가 합이 되는 운은 병자(丙子) 운이다. 병자 운이 오면 병신합수(丙辛合水), 자축합토(子丑合土)가 되어 수생목(水生木)을 할 수 있어서 신금(辛金) 씨앗이 목(木) 기운으로 변해서 땅 위로 솟는 새싹이 된다. 병신합수가 되면 씨앗이나 핵이었던 신금(辛金)이 모습을 바꾸어 땅 위의 생명(갑을목)으로 변화되어 새로운 생명을 낳는다. 신축 일주가 충 하는 운은 을미(乙未) 운과 정미(丁未) 운이다. 을미 운과 정미 운에서 천간으로 을신충(乙辛沖), 정신충(丁辛沖)을 하고, 지지로는 축미충(丑未沖)을 한다. 충이 되는 운에서는 돈, 건강, 인간관계, 말, 행동을 조심해야 한다. 충이 되면 손재수, 병원 입원, 수술, 인간관계 깨짐, 구설수, 관재수가 있을 수 있다.

신축 일주 지지의 축토는 봄에 새로 태어날 새싹과 생명체가 보관된 땅이다. 축토가 해자축 방합, 사유축 삼합, 자축합토가 될 때는 주변과 협력해서 살아남는다. 축토가 미토와 축미충을 하고, 축술미 삼형살을 짤 때는 수술수, 입원수, 사고수가 있으니까 건강과 행동을 관리해야 한다.

지지의 진미술축(辰未戌丑)에서 축토가 가장 냉정한 땅이다. 진토는 봄 땅으로 온갖 생명체를 기르는 땅이고, 미토는 생명체가 다 자라서 맛나게 맛이 드는 여름 땅이고, 술토는 수확물을 거두는 가을 땅이다. 축토는 수확물을 보관하는 겨울 땅으로 건강한 씨앗만 보관하고 병든 씨앗은 죽인다. 축토는 오화(午火) 운이 올 때 축오해(丑午害), 축오원진, 축오귀문을 짜기에, 신축 일주는 오화 운이 올 때 마음 관리를 잘하고 매사 조심 해야 한다.

39. 임인 일주 식신(食神)

　임인(壬寅) 일주 식신은 먹고사는 능력이 좋다. 임수는 생명을 살리는 생명수이고, 인목은 봄의 활기찬 생명력이라서 활동력이 좋다. 임인 일주 식신은 긍정적 태도로 주어진 환경에 적응해서 먹고사는 능력이 좋다. 식신은 돈을 버는 생활력이고, 인생이 힘들어도 불평하지 않고, 주어진 상황을 낙관적으로 헤쳐나간다.
　임인 일주 식신에서 인목(寅木)의 지장간은 무병갑(戊丙甲)이다. 임수 입장에서 무토는 편관, 병화는 편재, 갑목은 식신이다. 임수가 갑목 식신을 살리고, 갑목 식신이 병화 편재를 살리는 식신생재(食神生財)의 구조이기에, 일을 열심히 해서 돈을 벌 수 있다. 식신은 자기 앞에 주어진 일을 귀찮아하지 않고, 해야 할 일이라면 게으름 피우지 않고 성실하게 한다. 임수에게 무토 편관은 임수 물을 저장하는 둑, 제방, 댐이기에 임수 물을 안전하게 보호한다. 무토 편관은 임수에게 겁재(돈을 빼앗아 감)가 되는 계수와 무계합화(戊癸合火)를 해서 돈도 보호한다. 임수에게 무토 편관은 저금통이다. 양간 갑병무경임(甲

丙戊庚壬)의 편관은 겁재를 합으로 중화시켜서 겁재가 돈을 빼앗아 가지 못하게 막고 겁재를 잘 다스린다.

　식신은 밥벌이를 하는 재능이며 기술이기에, 일주(태어난 날)가 식신이면 자기 직업에서 책임감 있게, 성실하게 근면하게 성공할 가능성이 있다. 식신은 비겁에게 생을 받으면 일할 수 있는 건강한 체력을 갖게 된다. 식신은 사주에 재성이 있다면 식신생재(食神生財) 해서 돈을 벌 수 있다. 임수 입장에서 인목(寅木)의 지장간(支藏干) 갑목이 임수를 제압하는 정관 기토와 갑기합토(甲己合土)를 해서 관성의 제압을 잘 버티게 한다. 양간(陽干)의 식신은 정관과 합을 하기에 사회질서를 잘 지킨다. 양간의 식신은 편관을 극 하기에 양간 일주(태어난 날) 식신이면 편관을 다스려서 스트레스를 받지 않는 편이다.

　식신은 관성을 달래면서 관성에 협력하면서 산다. 상관은 갈등하고 승패를 내면서 관성을 제압한다. 식신은 관성과 화합하기에 세상을 무난하게 산다. 상관은 관성과 싸우기에 구설수, 관재수, 손재수 같은 부정적인 일을 겪는다. 관성은 정해진 사회적 질서이기에 상관이 극(剋) 한다고 무너지는 규율이 아니다. 그런데 사주에 상관이 네 개 이상이면 비사회적이기에 혼자 하는 일이 좋다. 상관이 네 개 이상이면 조직 내에서 일하지 못하고 자기가 하고 싶은 일을 자유롭게 하는 예술가, 창조자, 프리랜서 일이 좋다.

　임인 일주 식신의 십이운성은 병지(病支)이다. 식신 병지는 생활력이 강하고 마음이 착하다. 병지는 동정심과 연민과 배려심이다. 아픈 사람에게 모질게 하지 못하듯이, 병지는 순하고 착하고 타인을 이해하고 타협적이고 협조적이다. 식신은 부지런하고 알뜰하다. 임인 일주 식신 병지는 착하고 성실하고 인간적이다. 여자가 임인 일주 식신이면 자식을 잘 키우기 위해 무슨 일이든지 하는 모성애가 강하다. 남자가 임인 일주 식신이면 아내에게 잘하고, 자식을 사랑으로 키운다. 남자에게는 관성이 자식이기에 남자 식신은 자식을 잘 통제한다.

임인 일주는 병신(丙申) 운과 무신(戊申) 운이 오면 매사 조심해야 한다. 천간끼리 병임충(丙壬沖), 무임충(戊壬沖), 지지끼리 인신충(寅申沖)을 하기에 이때는 건강, 돈, 인간관계, 말, 행동을 조심해야 한다. 충(沖)은 이기고 짐이 확실하게 승패가 나기에 한쪽은 아프고 한쪽은 손해 본다. 임인 일주는 정해(丁亥) 운이 오면 천간으로 정임합목(丁壬合木), 지지로 인해합목(寅亥合木)을 하기에 활동 공간이 넓어져서 경제적으로 좋게 풀린다.

지지의 인목은 인묘진 방합, 인오술 삼합, 인해합목의 운에서는 상황에 타협하면서 순리적으로 살기에 무탈하다. 인목이 인신충(寅申沖), 인사신(寅巳申) 삼형살을 짤 때는 매사 조심해야 한다. 운전 조심하고, 건강, 돈, 인간관계를 관리해야 한다. 형충(刑沖)은 손재수(損財數), 수술수(手術數), 관재수(官災數) 등의 일이 일어난다. 인해파(寅亥破)는 인해합목이 먼저이기에 일어나지 않고, 인사해(寅巳害)는 인사신 삼형살을 짜기에 주의해야 한다. 인미귀문(寅未鬼門), 인유원진(寅酉元嗔) 운에는 우울증, 불안증, 신경증으로 마음 앓이를 할 수 있으니, 마음 관리를 잘하고, 아프면 바로 치료받아야 한다.

40. 계묘 일주 식신(食神)

계묘(癸卯) 일주 식신은 자기 힘으로 먹고살 수 있다. 식신은 먹을 복, 건강 복으로 자기가 하고 싶은 일을 하면서 산다. 삶은 먹고사는 게 다일 수 있다. 먹고살면서 여분으로 문화를 창조하고 예술을 즐기지만, 삶은 먹고사는 문제를 해결하는 게 제일 우선이다. 식신은 먹고살기의 신(神)으로 사주에 식신이 있다면 무슨 일이든 하면서 자기 먹을거리를 만들어낸다. 사주에 식신 하나쯤 있다면 게으름피우지 않고, 자기 밥벌이를 할 정도의 부지런함은 있다. 식신은 먹고사는 문제를 해결하기 위해 허드렛일도 하는 생활력이다.

계묘 일주는 천을귀인(행운의 신)이다. 사주 육십갑자에서 천을귀인 일주는 정해(丁亥), 정유(丁酉), 계사(癸巳), 계묘(癸卯) 일주이다. 천을귀인은 보이지 않는 조력자로 힘들 때 도와주는 인맥이나 상황이다. 일주가 천을귀인으로 태어나면, 자기 노력을 성실히 하고 있다면, 주변에서 운 좋게 도와주는 귀인(貴人)이 생긴다. 계묘 일주 식신 천을귀인은 큰돈은 벌지 못해도, 소박하게 자기 생활을 자립적으로 할 수 있는 자생력이 있다.

　식신은 비겁의 생을 받아 건강하게 일하고, 재성을 보면 식신생재(食神生財)를 해서 돈을 벌 수 있고, 관성(단체나 조직)을 보면 적당히 타협하면서 적응하고, 인성(지식 정보)의 극(剋)을 받으면 똑똑해지고 합리적으로 변한다. 식신은 싸움을 싫어하고 협력하며 산다. 상관이 관성과 싸우면서 관성에 저항하면서 상관생재(傷官生財)를 한다면, 식신은 관성에 협력하면서 식신생재를 한다. 상관이 구설수, 관재수로 작용 된다면, 식신은 사람들과 화합하면서 잘 지낸다.

　십성(十星)은 비견, 겁재, 식신, 상관, 정재, 편재, 정관, 편관, 정인, 편인이다. 이 중에 신(神) 자(字)를 붙인 것은 식신 하나이다. 식신은 성실하게 일하고 자기 밥벌이를 해결하고 조직 질서를 지키는 생활력으로 십성에서 식신에만 신(神)자가 붙는다. 음간(陰干) 을정기신계(乙丁己辛癸)의 식신은 정인(正印)과 합을 하기에 식신이 정인을 만나면 똑똑해진다. 양간(陽干) 갑병무경임(甲丙戊庚壬)의 식신은 정관과 합을 하기에 조직 질서를 지키면서 조직 내에서 인정받는다. 이렇게 식신은 음간이나 양간이나 좋은 역할을 하기에 신(神) 자(字)가 붙는다.

　계묘 일주 식신에서 묘목의 지장간에 갑을목(甲乙木)이 있다. 계수 입장에서 갑을목은 먹을거리이며 생명체이며 생활력이다. 계수 입장에서 상관 갑목은 편관 기토와 갑기합토가 되기에 관성운을 좋게 만든다. 계수 입장에서 식신 을목은 부지런히 일하는 활동력이다. 계수는 갑을목을 키워서 자기 재산으로 만들 수 있다. 계수는 사주에 경신금이 있어서 물줄기를 마르지 않게 하고, 갑을목을 다스려준다면 건강하게 오래 산다.

계묘 일주 식신의 십이운성은 장생(長生)이다. 장생은 생명력이 강하고 활발하다. 장생은 자라나는 어린이이기에 겁이 많고 순진하고 순응적이다. 장생은 호기심이 많고 감성적이며 배움을 좋아한다. 장생은 어른 말을 잘 따르며, 갈등보다는 화합으로 인생 문제를 해결한다. 계묘는 검은 토끼인데, 토끼는 겁이 많고 숨기를 잘하고 요리조리 피해 다니면서 자기 살길을 찾는 꾀돌이이다.

계묘 일주는 정유(丁酉) 운과 기유(己酉) 운이 오면, 천간으로 정계충(丁癸沖), 계기충(癸己沖)을 하고 지지로는 묘유충(卯酉沖)을 하기에 이런 운이 올 때는 건강, 돈, 인간관계, 말, 행동을 조심해야 한다. 묘유충 운이 오면, 묘목에 해당하는 간, 담, 췌장, 관절, 뼈, 사지(四肢), 머리가 약해지고, 유금에 해당하는 폐와 대장, 척추도 약해지기에 소화기계나 관절을 관리해야 한다. 계묘 일주는 무술(戊戌) 운이 오면 무계합화(戊癸合火), 묘술합화(卯戌合火)를 하기에 무술 운에서 재물운이 좋아지는 행운이 있을 수 있다.

지지의 묘목은 인묘진 방합, 해묘미 삼합, 묘술합화를 한다. 합할 때는 순응적이다. 묘목이 묘유충, 자묘형, 오묘파를 할 때는 매사 조심해야 한다. 묘진해는 인묘진 방합을 하기에 크게 작용하지 않는다. 묘목은 신묘원진, 신묘귀문을 짜기에 지지로 신금(申金) 운이 오면 겸손하게 자기를 낮추며 살아야 우울증이나 불안증으로 시달리지 않는다. 계묘 일주 식신 장생은 웬만해서는 좌절하지 않고 낙관적으로 순진하게 산다.

41. 갑진 일주 편재(偏財)

 갑진(甲辰) 일주 편재는 튼튼한 나무로 위로 쭉 뻗는 대장 기질이다. 나무는 간, 담, 췌장을 상징하기에 간이 부었다, 간덩이가 크다는 말처럼 갑목 나무는 배짱이 있고, 담력이 좋고, 어떨 땐 용맹하다. 갑진 일주는 진토에 뿌리내렸기에 건강하고 추진력이 좋다.
 진미술축(辰未戌丑)은 토 기운인데, 진토는 봄에 태어난 온갖 생명체를 기르는 땅이다. 미토는 온갖 생명체를 완성하는 땅이고, 술토는 수확하는 땅이며, 축토는 보관하는 땅이다. 갑목이 진토에 뿌리내렸기에, 갑진 일주 갑목은 겁 없이 위로 뻗는 젊음의 땅, 청춘의 건강함을 상징한다.
 갑진 일주 편재에서 진토의 지장간에 을계무(乙癸戊)가 있다. 갑목 입장에서 을목은 겁재, 계수는 정인, 무토는 편재이다. 진토의 지장간 을계무에서 계무는 계무합화(癸戊合火)를 하기에, 진토는 따뜻한 땅이다. 편재는 돈을 벌어서 겁재(타인, 친척, 혈육, 지인)와 나눠 쓰는 돈이다. 정재는 자기가 번 돈을 자기를 위해 쓰지만, 편재는 돈을 벌어서 사람들과 나누는 돈으로 정재보다 돈이 모이지 않는다. 편재는 재물운이지만, 돈 관리를 못 하면 돈이 부족하기에, 일주가 편재이면 현명하게 돈 관리를 해야 한다.

갑진 일주 편재는 건강하게 일을 열심히 하고 돈을 벌어서 사람들과 나눠 쓰는 오지랖이 있다. 사주에 비견과 겁재가 많다면 아는 사람들이 많고, 인간관계가 많기에 돈 씀씀이가 있다. 편재는 사람들을 만나면 돈 쓰기를 잘하고, 돈을 쓰다 보면 돈이 모자랄 수 있거나 빚을 질 수 있다. 갑진 일주 편재는 돈 관리를 잘해야 부자가 된다. 편재는 돈 쓰기를 잘하고 정재는 돈 모으기를 잘한다.

갑진 일주 편재의 십이운성은 쇠지(衰支) 반안살(攀鞍煞)이다. 쇠지는 인생의 희로애락을 겪은 후의 평온함이다. 반안살은 의지할 수 있는 의지처이다. 쇠지 반안살은 마음이 편안하고, 큰 욕심 내지 않고, 주어진 상황에 적응하면서 인생을 지혜롭게 산다. 갑진 일주는 갑목이 뿌리내린 진토가 생명을 키우기에 안정적이듯이, 쇠지는 편안한 마음으로 살기에 세상의 시련과 고난을 슬기롭게 헤쳐나가는 낙관적 기질이다. 갑진 일주 편재는 웬만해서는 절망하지 않고, 힘들어도 먹고살기 위해 자기 스스로 힘을 내는 의지력이 있다.

갑진 일주와 합하는 운은 기유(己酉) 운이다. 기유 운이 오면 갑진 일주는 갑기합토, 진유합금을 해서 직업적으로 안정된다. 갑목은 재성 토 기운에 뿌리내리고 관성 금 기운으로 직업에서 성공할 수 있다. 갑진 일주와 부딪치는 운은 경술(庚戌) 운과 무술(戊戌) 운이다. 경술 운과 무술 운이 오면, 갑진 일주는 갑경충, 갑무충, 진술충을 하기에 인간관계, 일, 직업, 돈, 스트레스 등으로 마음이 아플 수 있다. 충(沖)

하는 운이 오면 말과 행동을 조심하고 인간관계, 돈, 건강을 관리해야 한다.

　진토는 봄의 땅으로 온갖 생명체를 살려내기에 따뜻한 땅이다. 진토는 용을 상징하기에 변화변동의 기운이 강하다. 진토는 자기 노력에 따라 보물을 간직한 땅이고, 다른 모습으로 변용도 가능한 땅이기에 사주에 진토가 있다면, 변화무쌍하게 융통성이 있고 유연한 기질이 있다. 진토는 물 만난 용이 하늘로 승천하는 땅이기에, 잘하면 사회에서 성공할 수 있다. 진미술축 토 기운 중에서 진토는 형살(刑煞)이 없다. 진진형(辰辰刑)은 진진이 붙어 있으면 물 많은 땅이 되기에 형(刑)이라고 하는데, 진진형이 크게 해로울 건 없다.

　진토는 인묘진 방합, 신자진 삼합, 진유합금이 된다. 합이 될 때는 상황에 협력하고 사람과 타협하기에 직업운이나 재물운이 무난하게 흐른다. 진토는 진진형, 진술충, 진축파, 묘진해, 진해원진, 진해귀문을 짠다. 묘진해(卯辰害)는 인묘진 방합을 하기에 해롭지 않다. 진토는 해수(亥水) 운이 오면, 진해 원진살, 진해 귀문관살이 되기에 마음관리를 해야 한다. 진토는 해수가 오면 물바다가 되기에 진토라는 땅에서 자라는 생명체들이 홍수로 다 죽을 수 있다. 진토 입장에서 해수운이 오면 건강, 돈, 인간관계, 말, 행동 등을 조심해야 한다. 진토가 상징하는 소화기계나 해수가 상징하는 생식기계가 병이 날 수 있으니 건강관리를 잘해야 한다. 갑진 일주는 튼튼하기에 병이 나도 치료받으면 쉽게 나을 수 있고, 오래 살 수 있다.

42. 을사 일주 상관(傷官)

을사(乙巳) 일주 상관은 빛나는 꽃으로 겉으로 볼 때는 화려하지만, 속으로는 뿌리에 수분이 없어서 속병을 앓을 수 있다. 사화(巳火)의 지장간에 무경병(戊庚丙)이 있다. 을목 입장에서 무토 정재는 을목이 뿌리내릴 수 있는 땅이 되고, 경금 정관은 을목과 경을합금(庚乙合金)을 해서 을목의 존재를 금기운으로 변화하게 하고, 병화 상관은 을목이 광합성을 할 수 있는 불기운이다. 을사 일주는 크고 화려한 꽃이지만 수분이 없어서 말라죽을 수 있다. 을사 일주에게 가장 필요한 기운은 임계수(壬癸水) 물기운이다.

상관은 자기가 하고 싶은 말을 참지 않고 다 하고, 상대방에게 사랑도 주지만 상처도 준다. 상관은 관성(기존 질서)의 부당함을 지적하고 불평한다. 그래서 상관은 개혁가, 혁신가라고 하는데, 상관이 그런 힘을 발휘하려면 비겁이 뒤에서 밀어줘야 한다. 비겁 없이 상관이 관성에 대항했다가는 상관만 다쳐서 구설수, 관재수, 손재수를 당할 수 있다. 일주(태어난 날)가 상관이면 객관적 데이터 없이 주관적 생각과 느낌을 감정적으로 발설하면 구설수로 시달린다.

상관이 관성을 개혁하려면 인성(지식과 정보)이 비겁을 생하고 비겁이 상관을 생 해야 관성(기존 질서)을 고칠 수 있다. 상관은 관성을 극 하기보다는 상관생재(傷官生財) 하는 재성(財星)으로 흐르는 게 좋다. 상관은 사람에게 친절하고 잘해주기에 사람을 움직여서 돈을 버는 쪽으로 움직이는 상관생재가 관성(기존 질서)을 고치는 일보다 더 잘한다. 일주가 상관이면 관성에 저항하고 반항하기보다는 돈 버는 일을 하는 게 좋다. 돈(재성)을 벌어서 관성을 생 하면서 관성의 부조리를 고치는 게 좋다. 그러면 관재수나 구설수가 없어진다.

일주가 상관이면 말 잘하고 행동력이 좋기에, 이런 에너지를 관성을 극 하는 쪽으로 사용하지 말고 재성을 벌어들이는 쪽으로 쓰면 연구원, 개혁가, 창조자, 연예인, 방송인으로 출세할 수 있다. 상관은 상대방을 이기려는 승부 욕망이 강해서 타인을 인정하지 않는 편인데, 타인을 인정하는 마음을 수련하면 상관은 잘 먹고 잘살 수 있다. 여자 일주 상관은 정관 남편을 극 하기에 부부운이 약하고, 남자 일주 상관은 정관 자식을 극하기에 자식과 관계가 좋지 않다. 그러나 음간 을정기신계의 상관은 음간을 극 하는 편관과 합을 하기에 음간 일주에게 상관은 좋은 역할도 한다.

을사 일주 상관의 십이운성은 목욕(沐浴)이다. 목욕은 도화살이다. 태양 아래 화려하게 피어 있는 꽃은 예쁘기에 사람 눈을 끌고 사람 손을 많이 탄다. 을사 일주 상관은 사람을 매혹할 정도로 개성이 강하고 똑똑하지만, 말과 행동을 함부로 하다가 관재수와 구설수에 엮일 수 있기에 말과 행동을 조심해야 한다. 목욕은 자기를 아름답게 꾸미는 능력으로 멋 내고 치장하지만, 사람의 시선을 오래 끌려면 사주에 인성(지식)과 비겁(건강미)이 있어야 한다. 을사 일주에게 인성은 임계수 물기운이고, 비겁은 갑을목이다.

을사 일주와 합이 되는 운은 경신(庚申) 운이다. 을목은 작고 약하기에 합의 운에서 자기를 낮추고 강한 세력에 붙어서 살아남는다. 을사 일주에게 경신 운은 경을합금(庚乙合金), 사신합수(巳申合水)가 되어서 수(水) 기운으로 힘을 받기에 좋다. 음간(陰干)은 정관과 합을 해서 살아남는다.

을사 일주 상관과 부딪히는 운은 신해(辛亥) 운과 기해(己亥) 운이다. 신해 운과 기해 운이 오면 천간으로 을신충(乙辛沖), 을기충(乙己沖), 지지로 사해충(巳亥沖)이 일어나기에, 을목 입장에서 아프거나 입원하거나 사건 사고를 당할 수 있다. 을목에 해당하는 간, 담, 췌장, 뼈, 관절이나 사화(巳火)에 해당하는 심장, 소장, 혈관계가 약해질 수 있다.

사화가 인사신(寅巳申) 삼형살을 짤 때는 건강, 말, 행동, 인간관계, 운전을 조심해야 한다. 삼형살은 손해 보거나 관재수나 수술수이다. 사신파(巳申破)는 사신합수(巳申合水)를 먼저 하기에 파(破)가 약하고, 인사해는 인사신 삼형살로 가기에 조심해야 한다. 사화가 사술원진(巳戌元嗔), 사술귀문(巳戌鬼門)을 짤 때는 우울증, 불안증, 신경쇠약으로 마음이 아플 수 있으니 술토 운에서는 마음 관리를 잘 해야 한다. 을사 일주는 겉으로는 화려한 꽃이지만, 속으로 마른 땅을 버텨내는 인내심이 강하다.

43. 병오 일주 겁재(劫財)

병오(丙午) 일주 겁재는 재물을 빼앗는다는 긍정적인 의미와 재물을 빼앗긴다는 부정적인 의미 둘 다 가지고 있다. 운이 좋으면 재물을 빼앗아서 부자가 될 수 있고, 운이 나쁘면 돈 한 푼 없는 상황이 될 수 있다. 겁재는 인생에서 한 번은 망하는 편이며, 있는 돈을 다 잃어버릴 수 있다. 일주가 겁재이면 돈 관리를 잘해야 하고, 인간관계에서 겸손해야 한다. 남자 일주 겁재이면 아내(재성) 운이 약하고, 여자 일주 겁재이면 재물운(재성)이 약하다.

겁재는 재물을 빼앗기도 하지만, 사람을 지배하는 지배력과 통제력이다. 겁재는 자신감이 강하고 자기식으로 인생을 살며 타인의 시선을 아랑곳하지 않는다. 병오 일주 지지(地支) 오화의 지장간에 병기정(丙己丁)이 있는데 병화 입장에서 병화는 비견, 기토는 상관, 정화는 겁재이다. 비견은 자기 편이고, 상관은 표현 표출 능력이며, 겁재는 지배력이기에, 병오 일주는 세상 무서울 것 없이 자기식대로 산다. 병오 일주는 활활 타오르는 불로 꺼지지 않는다. 비겁이 밀어주는 상관은 할 말 다 하면서 구설수를 만들고, 상관이 관성을 극(剋) 하면서 관재수를 일으킬 수 있다. 태어난 일주가 겁재이면 '티끌 모아 태산'으로 돈을 모아야 부자가 된다. 투기나 노름을 하면 가난해진다.

일주가 겁재이면 말과 행동을 조심하고, 돈 관리를 잘해야 부자가 된다. 겁재는 상황이 자기 마음대로 움직여지지 않으면 분노하기에, 일주가 겁재이면 주어진 상황에 적응하는 마음수련을 해야 한다. 겁재는 뛰는 자 위에 나는 자가 있기에, 자기보다 더 잘난 사람이 있음을 깨달아야 한다. 일주가 겁재이면 자기 성격을 누르고 공기업이나 대기업 같은 큰 조직에서 월급 받는 직업이 좋다. 겁재가 사업을 하면 자기 잘난 맛으로 하다가 한 번 이상은 망한다.

비견은 타인과 공존하면서 공생한다면, 겁재는 타인을 지배하면서 자기가 갑(甲)이 되고 상대방을 을(乙)로 만드는 인간관계를 맺기에 겁재는 지배적이고 독재적이다. 겁재는 식상을 생(生) 해서 재성을 움켜쥐는 듯하지만, 결과를 계산하고 나면 돈이 없을 수 있다. 겁재는 항상 재물을 겁탈당할 수 있기에, 일주가 겁재이면 상대방을 존중하고 타인의 의견을 인정하는 습관을 들이고, 겸손을 실천해야 세상에서 손재수 없이 살 수 있다. 겁재는 자기 재물이나 마음을 손해 보는 손재수이다.

남녀가 일주 겁재이면 상대방을 지배하려고 하기에 이혼수가 있다. 겁재는 자기 말을 듣지 않으면 화내고, 혼자 사는 삶이 편하다고 생각한다. 병오 일주 남자는 겁재가 정재를 극해서 결혼운이 약하고, 여자는 돈 씀씀이가 있어서 부부운이 약하다. 병오 일주가 결혼하려면 마음을 다스리고, 사주에 관성이나 인성이 있어서 관인상생을 하는 사주가 되면 결혼운이 좋아진다.

병오 일주 겁재의 십이운성은 제왕(帝旺)이다. 제왕은 기운이 왕성하다. 자기가 제왕이기에 세상 무서운 줄 모르고 나대다가 실패할 수 있다. 제왕은 자기 삶을 완성하는 전문가이지만, 자기 잘난 맛으로 나대다가는 좌절할 수 있으니까, 자기 전문직에서 장(長)이 되어도 항상 겸손을 유지해야 우두머리로 인정받을 수 있다. 일주 겁재 제왕은 타인과 의사소통 하고 타인을 경청하면 외롭지 않게 살 수 있다.

병오 일주 겁재가 합을 하는 운은 신미(辛未) 운이다. 신미 운이 오면 병신합수, 오미합화를 해서 직업운과 건강운이 좋아진다. 병신합수를 해서 병화의 기운을 중화시킬 수 있고, 합으로 만들어진 수 기운으로 병오 일주의 독재적인 기질을 다스릴 수 있다.

병오 일주와 충이 되는 운은 경자(庚子) 운과 임자(壬子) 운이다. 경자 운과 임자 운이 오면 경병충, 병임충, 자오충을 한다. 충을 할 때는 심혈관계 질환과 뇌 질환을 앓을 수 있으니 건강관리를 해야 한다.

지지의 오화는 사오미 방합, 인오술 삼합, 오미합화를 할 때 완전 불기운이 되기에 서늘한 임계수(壬癸水)와 불기운을 빼낼 무기토(戊己土)가 사주에 있으면 좋다. 병오 일주는 운에서 합보다는 충 운이 들어와야 좋다. 병오 일주 오화는 자오충도 나쁘지 않다. 자수가 병오의 불기운을 다스려준다. 오화는 축토와 축오원진, 축오귀문을 짜는데, 병오 일주에게 축토는 나쁘지 않다. 뜨거운 불기운을 차가운 축토가 다스려주기 때문이다.

44. 정미 일주 식신(食神)

정미(丁未) 일주 식신은 자기 생활력이 좋다. 식신은 먹을 복으로 자기 먹을거리를 해결하는 활동력이며, 자기 할 일은 자기가 하는 자립심이다. 식신은 생(生) 하는 능력이기에 사람들에게 친절하고, 갈등 없이 평화적으로 산다. 식신은 일간(나)이 좋아서 생 하는 활동이므로 자기가 좋아하는 일을 하면서 돈을 벌고 먹고살기를 해결한다. 여자 사주에서 식신이 건강하면 자식이 잘되고, 일도 잘하고, 사회생활을 순하게 한다. 남자 사주에서 식신이 좋으면 식신생재를 하기에 여자에게 잘하고, 사회생활을 무난하게 한다.

정미 일주 식신에서 미토의 지장간에 정을기(丁乙己)가 있다. 정화(丁火) 입장에서 정화는 비견, 을목은 편인, 기토는 식신이다. 비견은 건강과 친구이고, 편인은 실력과 똑똑함이고, 식신은 능동적인 움직임이다. 정화 입장에서 편인으로 실력과 자격을 획득하고, 비견의 친구와 건강함이 있어서 외롭지 않고, 식신은 먹고사는 문제를 해결하는 활동력이기에 정화 입장에서 정미 일주 식신은 사는 문제를 스스로 해결하면서 사회에 적응하며 산다.

  식신은 먹을거리를 버는 의지력으로 일하는 능력이다. 사주에 식신이 있다면 자기 밥벌이는 알아서 해결한다. 식신은 자기도 먹이고 남도 먹이는 능력으로 자기가 음식을 만들어서 남들과 함께 먹는 나눔이며 사람들과 잘 지내는 마음이다. 상관(傷官)은 관성(기존 질서)을 비판하고 관성의 부조리를 고치려고 한다. 상관은 좋게 쓰이면 평등과 정의를 외치는 선구자이고, 나쁘게 쓰이면 불평불만 하는 투덜이다.

  양간 갑병무경임의 식신은 정관과 합을 해서 일간을 돕기에 양간 입장에서 식신은 긍정적인 역할을 한다. 음간 을정기신계의 상관은 편관과 합을 하기에 음간의 상관은 좋은 역할을 한다. 식신과 상관이 무조건 관성을 극 하는 게 아니다. 식신과 상관은 일간이 생(生) 하기에 식상은 자발적인 생활력이다. 식신과 상관의 차이점은 식신은 화합으로 문제를 해결하고, 상관은 갈등으로 문제를 해결한다. 사주에 식신과 상관이 있으면 할 말은 정확하게 하고, 따질 일은 따지면서 자기 행복을 추구한다.

  양간 갑병무경임의 상관은 정관과 편관 둘 다 제압하고, 음간 을정기신계의 상관은 편관과 합을 하기에 정관에게 해롭지 않다. 양간의 식신은 정관과 합을 하고 편관을 다스린다. 음간의 식신은 정관과 편관 둘 다 다스린다. 정미 일주 식신은 음간의 식신이기에, 정관과 편관 둘 다를 조정하면서 다스리기에 일간이 관성의 스트레스를 이겨내게 한다.

  정미 일주 식신의 십이운성은 관대(冠帶)이다. 관대는 잘 자란 성인(成人)으로 취직해서 돈벌이하는 에너지로 건강하고 자신감 있고 밝다. 자기 자신뿐만 아니라 가족이나 사회를 위해서 공리적으로 산다. 관대는 직업운과 건강운이 좋다. 관대는 낙관적이고 긍정적이며 희망으로 산다. 실패나 시련을 이겨내는 정신력이 관대(冠帶)이다. 정미 일주 식신 관대는 자기가 하는 일에서 능력을 펼치고 먹고사는 문제를 해결하며 잘살 수 있다. 정미 일주 식신 관대는 일하고 돈 벌고 건강하게 산다.

　정미 일주와 합을 하는 운은 임오(壬午) 운으로 임오 운이 오면 정임합목, 오미합화를 해서 문서운과 건강운이 좋아진다. 정미 일주와 부딪치는 운은 계축(癸丑) 운과 신축(辛丑) 운이다. 계축 운과 신축 운이 오면 정미 일주는 정계충, 정신충, 축미충을 하기에 매사 조심해야 한다. 정화(丁火)에 해당하는 혈관계, 심장, 소장이 아프거나, 계수(癸水)에 해당하는 생식기계와 순환기계가 약해지거나, 신금(辛金)에 해당하는 호흡기계가 약해지고, 축미(丑未) 토에 해당하는 소화기계가 약해진다. 충(沖) 하는 운에서는 운전, 돈, 인간관계, 행동, 말을 조심해야 한다.

　지지의 미토는 축술미 삼형살(三刑煞)을 짤 때 조심해야 한다. 형살은 수술수, 입원수, 갇힘, 다침, 손재수, 관재수 등을 의미한다. 미토는 자미해(子未害), 자미원진(子未元嗔), 인미귀문(寅未鬼門)을 짜는 자수(子水) 운과 인목(寅木) 운에서 조심해야 그 운이 무탈하게 지나간다. 지지의 진미술축(辰未戌丑) 토 기운은 중화적(中和的)이라서 평화적으로 문제를 해결하려고 한다. 토 기운은 생명을 길러내는 근원이며 마무리하는 기운이기에 사주에 토 기운이 많으면 구두쇠일 가능성이 있다.

45. 무신 일주 식신(食神)

　무신(戊申) 일주 식신은 자생력이 좋다. 식신은 먹고살 수 있는 생활력이며 적응력이다. 양간 갑병무경임(甲丙戊庚壬)의 식신은 편관은 제압하고 정관과는 합을 해서 조직 적응력이 좋고, 음간 을정기신계(乙丁己辛癸) 식신은 편관과 정관을 조절하며 스트레스를 줄인다. 여자 사주 일주가 식신이면 자식에게 헌신하고 남편에게 내조하며 산다. 남자 사주 일주가 식신이면 자식(관성)을 잘 관리하며 직장생활을 무난하게 한다. 그러나 식신은 관성을 극(剋) 하기에 옳고 그름을 따질 때는 입바른 말을 해서 관재수나 구설수를 당할 수 있다.

　무신 일주 식신에서 신금(申金)의 지장간에 무임경(戊壬庚)이 있다. 무토 입장에서 무토는 비견, 임수는 편재, 경금은 식신이다. 비견은 건강과 친구, 편재는 일복과 돈복, 식신은 삶의 기술과 재주이다. 무토는 건강한 체력(비견)으로 식신 경금을 생 해서 임수라는 돈(편재)을 벌 수 있다. 편재는 월급처럼 고정적으로 들어오는 돈이 아니라, 크게 들어올 때는 큰돈이고, 작게 들어올 때는 돈이 없다. 정재는 안정적인 돈이라서 돈이 떨어지지 않지만, 편재는 불안정한 돈으로 돈이 있을 때는 많이 있고, 없을 때는 아예 없을 수 있기에 사주에 편재가 있다면 과소비를 하지 말고 알뜰하게 저축해야 돈을 벌 수 있다.

무신 일주 식신의 십이운성은 병지(病支)이다. 병지는 아픈 사람을 이해하는 동정심과 연민이다. 병지는 삶이 아픔임을 이해하고 타인과 자기를 돌보며, 사람에게 모질게 하지 못한다. 병지는 큰 욕심 부리지 않고 자기 삶에 자족하고 만족한다. 무신 일주 식신의 여자는 자식을 잘 키우려는 억척 엄마이다. 여자 사주 일주가 식신이면 자식을 위해 희생하며, 자식 잘되기만을 바라며 산다. 무신 일주 식신은 병지이기에 자식을 사랑으로 키우다가 혹은 일만 열심히 하다가 나중에 병이 날 수 있다.

무신 일주는 계사(癸巳) 운이 오면 천간으로 무계합화(戊癸合火), 지지로 사신합수(巳申合水)를 한다. 합을 하는 운에서는 세상과 타협하고 사람과 협력하면서 산다. 합은 시너지 효과를 내고, 자기를 낮추고 상대방에 맞추기에 인생이 무난하다. 화(火)기운으로 합해지면, 화(火) 기운 인성이 무토를 화생토(火生土) 하기에 무신 일주에게 문서운, 승진운, 합격운이 좋고, 수(水) 기운으로 합할 때는 무신 일주에게 수(水) 기운이 재성이기에 재물운이 좋아진다.

무신 일주와 충 하는 운은 임인(壬寅) 운과 갑인(甲寅) 운이다. 임인 운과 갑인 운이 오면 천간으로 무임충, 갑무충을 하고 지지로 인신충을 하면 사건 사고, 병원 입원, 수술수, 관재수 등 부정적인 일이 일어날 수 있으니까 매사 조심해야 한다. 합을 하는 운은 순리에 따르는 운이고, 충 하는 운은 갈등하고 반목하다가 몸이 아프거나 손재수와 관재수와 구설수를 겪을 수 있다. 충 하는 운에서는 교통사고도 있을 수 있으니까 운전을 조심해야 하고, 힘든 일이 발생했을 때는 액땜 했다고 생각하고 마음 다스리며 넘어가야 한다.

지지의 신금(申金)은 인신충(寅申沖)을 하고, 인사신(寅巳申) 삼형살을 짠다. 형살(刑煞)은 갇히고 다치고 아프고 손해 보고 답답하고 인간관계에서 부딪친다. 인사신 삼형살 운에서는 돈, 건강, 인간관계, 말, 행동을 조심해야 하고, 특히 마음 관리를 잘해야 한다. 충이 들어 있는 일 년 내내 자기 관리를 하는 게 어렵지만, 그래도 삼형살 운이 있는 해에는 망하거나 수술을 할 수 있으니까 돈 관리와 건강 관리를 세심하게 신경 써야 한다.

신금은 사신파(巳申破)를 하지만, 사신합수(巳申合水)를 먼저 하기에 파(破)는 작용하지 않는다. 신해해(申亥害) 운에서도 매사 조심하면 무탈하게 지나간다. 신묘귀문, 신묘원진을 짜기에 신금은 묘목(卯木) 운에서 신경 쓸 일이 많고 우울하고 불안할 수 있으니까 마음 관리를 잘하면 된다. 묘목에 해당하는 머리, 사지(四肢), 뼈, 관절, 근육이 약해지기에 평소에 운동해서 건강을 유지해 놓아야 무탈하다. 무신 일주 식신은 웬만한 시련은 이겨낼 수 있고, 마음 착한 병지이기에 오지랖이 있고 사람들에게 잘하며 시련과 고통을 인내하는 참을성이 있고, 부지런하고 알뜰하다. 무신 일주 식신 병지는 식신생재(食神生財)를 할 수 있기에 알뜰하면 부자가 될 수 있다.

part 4

겨울

지(智)로
보호한다

46. 기유 일주 식신(食神)

　기유(己酉) 일주 식신은 먹고사는 데 문제없이 잘 산다. 식신은 먹고사는 문제를 해결하는 생활력이다. 식신은 일간(나)이 생(生)하는 생활력이기에 일이 있으면 성실하게 일해서 돈벌이를 하는 능력이고, 식신은 일간이 생하기에 사랑을 주는 편이고, 사람들에게 친절하고 상냥하게 잘한다. 일간이 생한다는 의미는 사람을 살리고 생활을 살리고 사회생활을 살리는 쪽으로 무난하게 잘한다는 의미이다. 식신은 먹을 복으로 먹고사는 문제는 충분히 해결한다는 의미이다.
　음간의 식신은 편관과 정관을 잘 달래서 관성이 일간을 제압할 때 세게 하지 못하도록 만든다. 식신은 관성을 극하는 일도 하면서 재성을 생하기에 사주에 식신이 있다면 관성의 스트레스를 잘 헤쳐나갈 수 있는 지혜로움이 있다. 음간의 식신은 관성을 은근히 제압하면서 일간을 살리기에 식신이 좋은 역할을 한다. 일간의 생을 받는 식신은 재성을 생하는 식신생재를 하기에 근면하고 성실하게 일해서 돈을 벌 수 있다.

여자 일주 식신이면 자식을 잘 기른다. 식신은 여자에게 자식이기에, 일주가 식신이면 자식에게 헌신하고 자식 잘되기만을 바라면서 자기를 희생하는 어머니로 산다. 그런데, 결혼하지 않는 여자 일주 식신은 자식이 없을 수 있다. 결혼하지 않은 여자 일주 식신은 자식 대신 취미나 하는 일에서 자기가 열정을 쏟아 열심히 하기에 일이나 취미 면에서 일인자가 될 수 있다. 식신은 여자에게 자식이지만, 식신은 여자에게 남자인 관성을 극하기도 하기에, 일주가 식신이면 여자인 경우 결혼하지 않을 수도 있다. 그 대신 식신은 사랑하는 기질이기에 자기 취미 활동이나 일을 사랑해서 사는 데 심심하거나 외롭지는 않다.

남자 일주 식신이면 식신이 재성을 생하기에, 재성은 남자에게 여자이므로, 남자 일주 식신은 여자에게 잘하고 아내에게 잘할 수 있다. 남자 일주 식신도 일을 열심히 하고 돈 벌이를 성실하게 하며 살지만, 남자 일주 식신은 관성을 극하기에 자식을 엄하게 키울 수 있다. 관성은 남자에게 자식이기에, 남자 일주 식신은 식신으로 관성을 극해서 자식을 지배하며 자식에게는 독재적인 아버지가 될 수 있다. 남자 일주 식신은 아내에게 잘해도 자식에게는 엄격하다.

기유 일주 식신은 먹고사는 문제는 충분히 해결하기에 직장 생활이든 사업이든 실속 있게 하며 산다. 기유 일주 식신의 십이운성은 장생(長生)이다. 장생은 건강하게 오래 산다. 장생은 긍정적이며 낙관적이라서 웬만한 시련과 고통을 순리적으로 이겨내는 정신력이고, 장생은 보이지 않는 인덕 같은 후원자이기에 힘들 때 도와주는 상황이 나타나거나 사람이 나타나는 인덕이다. 일주가 식신 장생이면 큰 부자는 되지 못해도 먹고사는 데는 문제 없이 잘살 수 있다.

기유 일주와 합이 되는 운은 갑진(甲辰) 운이다. 갑진 운이 오면 기유 일주는 갑기합토, 진유합금이 되어 건강운과 생활력이 좋아진다. 합이 되는 운은 협력하고 타협하며 순리적으로 살기에 큰 문제 없이 지나간다. 기유 일주와 충이 되는 운은 계묘(癸卯) 운과 을묘(乙卯) 운이다. 기유 일주는 계묘운과 을묘운이 올 때, 계기충, 을기충, 묘유충을 하기에 건강, 돈, 인간관계가 힘들 수 있다. 충하는 운에서는 아프거나 돈을 잃거나, 인간관계가 힘들 수 있다. 충하는 운이 오면 돈 조심, 건강 조심, 인간관계에서 말이나 행동을 조심해야 한다. 충하는 운에서는 사건 사고, 입원, 수술 같은 운도 있을 수 있다.

지지의 유금은 신유술 방합, 사유축 삼합, 진유합금으로 합이 된다. 합의 운에서는 갈등하지 않고 타협하기에 인생의 고난과 시련을 협력으로 이겨나갈 수 있다. 합이 된다는 의미는 자기를 낮추고 남에게 맞추면서 겸손해지고 타인을 배려하고 이해하는 마음이 넓어진다. 유금은 묘목과 묘유충을 하기에 묘목 운에서 조심해야 한다. 묘유충을 하면 관절, 뼈, 척추, 호흡기계, 두통, 등의 통증을 앓을 수 있다. 유금은 유술해를 하지만 유술은 신유술 방합을 먼저 하기에 해가 일어나지 않는다. 자유파는 약간의 신경 쓸 일 정도이지만, 마음 아픈 일이 발생하기에 마음 관리를 하면 좋다. 유금이 자유귀문, 인유원진을 짤 때는 우울증이나 불안증으로 공황장애를 앓을 수 있으니까, 이때도 마음 관리를 해야 한다. 공황장애는 화병도 되니까 마음의 분노와 화를 다스리는 방법을 스스로 터득해야 한다.

47. 경술 일주 편인(偏印)

경술(庚戌) 일주 편인은 술토의 지장간에 신정무(辛丁戊)가 있다. 경금 입장에서 정화는 정관, 무토는 편인이어서 관인상생(官印相生)을 하기에 사회생활을 잘할 수 있다. 관인상생은 조직이나 단체에 속해서 직장 생활을 안정적으로 한다. 술토의 지장간(支藏干) 신정무에서 신금 겁재는 경금의 재물을 빼앗아가는 혈육, 친구, 사람도 되지만, 경금이 약할 때는 경금에게 에너지를 주는 건강이다. 신금 겁재는 병화 편관과 병신합수(丙辛合水)를 해서 경금을 도울 수 있다. 그러나 사주에 겁재가 두 개 이상이면, 돈을 벌어도 돈을 잃어버릴 수 있기에 돈 관리를 잘해야 한다.

경금 입장에서 신금 겁재는 병화(丙火) 편관 운이 올 때, 병신합수(丙辛合水)로 경금을 도울 수 있다. 다만 경금 입장에서 정재 을목을 신금이 극하는 일이 있을 수 있으니까, 을목 운이 올 때는 돈 조심해야 한다. 겁재는 신약(身弱)한 사주에서는 일간에게 도움이 되지만, 신강(身强)한 사주에서는 겁재가 잘난 척을 하는 자만심이 되기에 신강한 사주의 겁재는 항상 겸손하게 타인을 이해하고 배려하는 마음을 가져야 한다.

경금 입장에서 무토 편인은 도움이 된다. 무토 산에 경금 금광이 묻혀 있고, 산이 경금을 보호하고 있다. 경금은 무토 편인이 보호해주면 사회에 무난하게 적응하고, 자기 할 일 하면서 무탈하게 산다. 술토 속의 지장간 정화가 경금을 녹여서 실생활에 필요한 도구로 만들 수 있기에, 경금 입장에서 술토 편인을 잘만 사용하면 사회에서 먹고사는 일로 걱정할 게 없다.

경술 일주 무토 편인은 상관 계수와 무계합화를 해서 경금의 관운(官運)을 좋게 만든다. 관운은 직업운과 승진운과 명예운이다. 양간 갑병무경임(甲丙戊庚壬)의 편인은 상관과 합을 하기에 사주에서 상관이 상관짓(구설수와 관재수)을 못하게 막는다. 음간 을정기신계(乙丁己辛癸)의 편인은 정재와 합을 해서 재물운을 좋게 만든다. 편인은 잘만 쓰면 똑똑하고 지혜롭다.

경술 일주 편인의 십이운성은 쇠지(衰支)이다. 쇠지는 너그러운 마음가짐으로 큰 욕심 부리지 않고, 주어진 상황에 맞춰서 산다. 쇠지는 인생의 쇠락기를 의미하기에 일을 크게 벌이지 않고 안정적으로 살며 정리정돈을 잘하고 담백하다. 쇠지는 인생의 희로애락을 다 겪고 내려놓은 도인(道人)의 삶이다. 편인 쇠지는 아는 게 많고, 공부를 좋아하고, 자기 취미생활을 즐겁게 한다. 편인은 자기를 건드리지 않으면 자기 혼자서도 잘 사는 이방인이며, 자기 먹을 것은 자기가 해결한다.

경술 일주가 합이 되는 운은 을묘(乙卯) 운이다. 경술 일주가 을묘 운이 오면 천간으로 경을합금(庚乙合金), 지지로 묘술합화(卯戌合火)

를 해서 합의 기운으로 움직이면, 사회생활이나 인간관계에서 갈등 없이 무난하게 산다. 경술 일주가 충이 되는 운은 병진(丙辰) 운과 갑진(甲辰) 운이다. 병진 운과 갑진 운이 오면 천간으로 경병충, 갑경충, 지지로 진술충이 일어나서 건강, 돈, 인간관계로 구설수, 관재수, 손재수, 입원수, 수술수가 있을 수 있다. 충은 부딪치며 하나는 깨지고, 하나는 상처받는다. 충 운이 오면 건강, 말, 행동, 인간관계, 돈을 조심해야 한다. 충 운이 올 때 주식 투자나 가상 화폐에 돈을 투자하면 손해 본다.

지지의 술토는 신유술 방합, 인오술 삼합, 묘술합화를 한다. 합을 하는 운에서는 자기를 내려놓고 타인과 타협하고 상황에 순응하기에 무탈하게 지나간다. 술토는 진토와 진술충을 하고, 축술미 삼형살을 짠다. 충(沖)하고 형(刑) 하는 운에서는 손해 보는 쪽으로 운(運)이 움직이니까 돈, 사람, 말, 행동, 운전을 조심하면 된다. 술미파(戌未破)는 축술미 삼형살로 갈 수 있으니까 조심하고, 유술해(酉戌害)는 해(害)보다는 신유술 방합으로 해석하면 된다. 사술원진 사술귀문이 되는 사화(巳火) 운이 오면 우울하거나 불안하기에 마음 관리를 잘해야 한다.

경술 일주 편인은 공부해서 자격증으로 전문직이 되어 월급 생활을 하면 인생이 편안하다. 경술 일주가 사업을 하면 잘 안 될 수 있으니, 사업은 되도록 하지 않는 게 좋다. 경술 일주는 쇠지라서 사람의 마음을 잘 읽고 이해할 수 있으니까 심리 상담사나 조력자 일을 잘할 수 있다.

48. 신해 일주 상관(傷官)

　신해(辛亥) 일주 상관은 상관생재(傷官生財)를 하기에 무슨 일이든 하면서 살아남는다. 상관생재는 자기가 일해서 자기가 돈을 벌어 자기 인생을 자기가 먹고 산다. 신금은 완성된 보석이라서 타인의 심한 간섭을 싫어하고 자기 독자적인 생각으로 산다. 신금은 자기가 지적당하는 것을 싫어하듯이, 누가 잘난 척하며 으스대는 모습도 싫어한다. 신금은 완성된 보석이기에 자기 시각으로 사람을 평가하며 자기 잘난 맛을 느끼고 산다.

　신해(辛亥) 일주 해수(亥水)의 지장간에 무갑임(戊甲壬)이 있다. 신금 입장에서 무토는 정인이라서 똑똑하다. 정인은 사회질서를 거스르지 않고 타인과 협력하고 상황에 적응한다. 신금 입장에서 갑목 정재는 신금이 부지런히 일해서 취하는 재물로 성실하고 알뜰하고 남에게 기대지 않고, 자기 스스로 산다. 임수 상관은 하고 싶은 말은 다 하는 기질로 솔직하고 감성적이며 낭만적이다. 신금 입장에서 지장간 해수에 정인과 정재와 상관이 있기에 신해 일주는 공부 잘하며, 상관생재하면서 자기 밥벌이는 충분히 한다.

　신해 일주 상관은 지장간에 정인이 있어서 상관이 상관짓(말을 함부로 하거나 사람을 공격하고 잘난 척하는 것)을 못하게 막는다. 상관은 인성(印星)에게 제압 당하면 합리적이고 똑똑해진다. 인성은 기존 질서에서 인정하는 지식과 정보이고, 상관은 주관적인 생각과 느낌이다. 객관적 이성(理性)인 인성(印星)이 주관적 상관을 조정하면 상관은 똑똑이가 된다. 인성에게 제압당한 상관은 합리적이고 이성적(理性的)으로 변해서 주어진 사회 여건에 타협하고 적응한다. 인성에게 제압당한 상관은 선생님, 교수, 발명가, 방송국 PD, 언론인, 작가, 등 말로 하는 직업에서 성공할 수 있다.

　신해 일주 상관의 십이운성은 목욕(沐浴)이다. 목욕은 사람들에게 예쁘게 보이고 싶어서 멋 내고 끼 부리는 개성으로 매력 있고, 예쁜 짓을 많이 한다. 목욕은 아름답게 성장한 사춘기 몸으로 건강미와 젊음이 넘친다. 무엇을 입어도 예쁘고, 무슨 행동을 해도 귀여운 시기가 목욕이다. 아주 큰 범죄만 저지르지 않는다면, 목욕은 사람들에게 예쁘다고 인정받기 위해 자기 꾸미기를 성실하게 하는 멋쟁이이다. 사람들에게 관심받는 것을 좋아하기에 자기 노력을 쉬지 않는다. 몸을 예쁘게 만들든, 마음을 예쁘게 쓰든, 실력을 키워 인정받든, 목욕은 사람들의 관심을 받고 싶어 하는 욕망이다. 신해 일주 상관은 자기표현도 잘하고 말도 잘하고 똑똑하기에 사람들의 이목(耳目)을 받을 수 있다.

　신해 일주는 병인(丙寅) 운일 올 때 병신합수(丙辛合水), 인해합목(寅亥合木)으로 합이 되어 사회생활이나 인간관계에서 무난하다. 합은 상황에 협력하고 타인과 타협하는 기운으로 합의 운에서는 건강, 돈, 인간관계 등이 무탈하게 지나간다. 신해 일주가 충이 되는 운은 을사(乙巳) 운과 정사(丁巳) 운이다. 을사 운과 정사 운이 오면 을신충(乙辛沖), 정신충(丁辛沖), 사해충(巳亥沖)이 일어나서 건강 문제가 발생하고, 손재수, 관재수, 구설수가 있을 수 있다. 충 하는 운에서는 말, 행동, 운전, 건강, 돈 문제를 조심해야 한다.

지지의 해수(亥水)는 해자축 방합, 해묘미 삼합, 인해합목을 짠다. 합을 할 때는 자기를 낮추고 상황과 타인에게 맞추기에 더 나은 방향으로 시너지를 낸다. 합은 갈등 없이 무탈하게 지나간다. 해수가 충(沖)을 하는 사화(巳火) 운에서는 해수에 해당하는 하체, 신장, 방광이 약해지고, 사화에 해당하는 심장, 소장, 혈관계가 약해진다. 나이 50이 넘은 분이라면 이런 충 운이 오면 건강 조심을 해야 한다.

해수는 해해형(亥亥刑)이 있는데 해수와 해수가 만나 물바다가 되기에 형(刑)으로 본다. 사주에 물이 많으면, 해해형이 작용해서 사주를 물바다로 만들 수 있다. 이럴 때는 나무 기운이 있어서 물을 흡수해가면 좋다. 인해파(寅亥破)는 인해합목(寅亥合木)이 되기에 작용하지 않는다. 신해해(申亥害)는 살짝 해로운 일로 크게 스트레스받지 않아도 된다. 진해원진(辰亥元嗔), 진해귀문 운에서는 마음이 우울하거나 불안하니까 마음 관리를 잘하면 된다. 힘들어도 밝고 긍정적인 생각으로 힘을 내야 한다. 인사신해(寅巳申亥)는 계절을 시작하는 기운으로 활동력이 좋고 추진력이 있어서 역마살이라고 한다.

49. 임자 일주 겁재(劫財)

임자(壬子) 일주 겁재는 물바다이다. 천간도 물, 지지도 물, 대양(大洋)이다. 겁재는 재물을 '겁탈하다, 빼앗다'의 의미로 손재수(損財數)를 나타낸다. 겁재는 사주가 약하면 일간을 도와서 건강하게 만들고 일간의 편이 되지만, 사주가 강하면 일간의 재물을 빼앗아가는 다른 사람이다. 다른 사람은 혈육, 친구, 지인, 사회적 상황이다. 겁재는 돈이 나가기에 사주에 겁재가 두 개 이상이면 돈 관리를 철저히 해야 돈을 빼앗기지 않는다.

일주가 겁재이면, 돈 관리를 잘해야 부자가 된다. 겁재는 일간의 재물을 타인이나 주식 투자나 부동산 투기에 빼앗긴다. 집이나 자동차를 과시하기 위해 새로 사는 일도 겁재이다. 겁재는 낭비하면서 돈이 나간다. 그러나 사주에 관성이 있어서 겁재를 제압하면 돈으로 인한 손재수는 줄어든다. 관성은 겁재를 제압해서 돈을 관리한다. 양간 갑병무경임의 편관(偏官)은 겁재와 합을 해서 겁재의 힘을 중화시켜서 좋고, 정관(正官)은 겁재를 제압한다. 음간 을정기신계의 겁재는 편재와 합을 하기에 음간의 겁재는 편관과 정관이 있어야 다스림을 당한다.

양간 갑병무경임으로 태어난 남자 일주 겁재는 아내를 극(剋) 하기에 아내가 아플 수 있고, 이혼하거나 사별할 수 있어서 남자 양간(陽干) 겁재 일주는 아내복이 약하다. 여자 양간 일주 겁재도 편관은 겁재와 합이 되어 관성의 기운이 중화되어 사라질 수 있기에, 여자 양간 일주 겁재는 사주에 정관이 있어야 부부운이 좋아진다.

임자 일주 겁재는 물기운으로 꽉 차 있기에 자기 고집이 세고, 추진력과 경쟁력과 독립심이 좋다. 일주가 비견이나 겁재이면 자기 힘으로 세상을 살고, 세상에서 자기를 도와줄 사람이 없음을 알고 자수성가한다. 겁재는 홀로 살아야 하기에 돈 욕심을 부린다. 겁재는 돈 욕심을 부리다가 가지고 있는 돈을 잃어버릴 수 있으니까 일주가 겁재이면 돈 관리를 해야 하고 알뜰하게 살아야 부자가 된다.

임자 일주는 나무 기운 갑을목(甲乙木)이 사주에 있으면 갑을목을 키워서 돈을 벌 수 있고, 병정화(丙丁火) 화 기운을 제압해서 돈을 벌 수 있다. 무기토 흙기운은 무토가 자수의 지장간 계수와 무계합화를 해서 재성이 되기에 좋다. 기토는 임수 같은 큰물을 제압하기에는 부족하지만, 그래도 기토 정관이 있다면 임수 물은 댐에 저장되어 필요할 때 유용하게 쓸 수 있다.

겁재가 주의할 점은 사람을 무시하지 말고, 사람을 평등하게 존중해야 한다. 겁재는 뛰는 자 위에 나는 자가 있다는 겸손을 실천하면 성공할 수 있다. 겁재는 조직이나 단체에서 직업 전문가로 일하면서 월급 생활을 하는 게 사업하는 것보다 낫다. 겁재가 사업을 하면 자기 고집으로 밀고 나가다가 보통은 실패한다.

임자 일주 겁재의 십이운성은 제왕(帝旺)이다. 제왕은 자기 기운이 넘쳐서 세상을 자기 마음대로 다스리는 독재자이고, 남을 부리고, 남의 의견과 느낌을 무시한다. 이런 기질이 있기에 겁재 제왕은 타인을 수용하고, 이해력과 배려심을 키워야 한다. 그래야 훌륭한 제왕이 된다. 겁재 제왕은 자기 고집을 내려놓고 타인과 화합해야 잘 된다. 겁재 제왕이 사업을 하려면 사주에 정관이 있어서 겁재가 관리되어야 잘 된다. 사주에 정관이 있어야 겁재는 사회생활을 잘할 수 있다.

임자 일주는 정축(丁丑) 운이 오면 정임합목(丁壬合木), 자축합토(子丑合土)가 되기에 합의 운에서 일이 잘 풀린다. 합은 협력하면서 양보하기에 합한 오행의 기운이 일간에게 도움이 된다. 정임합목으로 합해서 생긴 목 기운이 임수에게 식상이기에 임수가 식상을 생 하려고 활동하면서 식상생재가 되면 돈을 번다. 임자 일주가 충하는 운은 병오(丙午) 운과 무오(戊午) 운이다. 병오 운과 무오 운이 오면 임자는 병임충, 임무충, 자오충을 하기에 일간이 흔들릴 수 있다. 충 하는 운에서는 건강, 말, 돈, 인간관계를 조심해야 한다.

자오충을 할 때는 자수에 해당하는 신장, 방광, 생식기계가 아플 수 있고, 오화에 해당되는 심장, 소장, 혈관계에 병이 올 수 있다. 자묘형은 스트레스 정도이고, 자미해, 자미원진, 자유귀문 운에서는 우울증이나 불안증으로 시달릴 수 있으니 마음을 관리해야 한다. 임자 일주 겁재는 공부 열심히 해서 회사원이나 공무원으로 사는 게 안정적이다.

50. 계축 일주 편관(偏官)

계축(癸丑) 일주 편관은 차가운 물로 맑고 깨끗하며 자기 주관이 뚜렷하고 맺고 끊는 확실함이 있다. 진토는 따뜻한 봄 토양이고, 미토는 더운 여름 토양, 술토는 건조한 가을 토양, 축토는 차가운 겨울 토양이다. 겨울 토양 축토는 죽일 것은 죽이고, 살릴 것만 살려서 새로운 생명으로 강인하게 만들기에 생존력이 있다. 계축 일주는 눈에 띄게 화려하지 않지만 자기 생명력을 관리하고 절제하는 참을성이 있다.

십성의 인간관계를 보면 비견은 평등 의식으로 사람에게 친절하고, 겁재는 사람에게 친절하지만 지배하려고 한다. 식신은 사람을 좋아해서 상냥하게 대하고, 상관은 사람을 좋아하지만 가르치려고 한다. 정재는 이해타산하면서 실리적인 인간관계를 맺고, 편재는 이해타산하지만, 오지랖이 있어서 사람에게 동정심이 많다. 정관은 합리적이고 예의 있는 인간관계를 맺고, 편관은 감성적이고 의리 있는 인간관계를 맺는다. 정인은 어머니의 사랑 같은 이해심이 있고, 편인은 이해심이 있지만 있는 그대로 사람을 믿지 않는다.

편관은 자기 자신을 엄격하게 다스리는 절제 능력이다. 사주에서 관성은 바깥 질서에 맞춰서 자기를 조절한다. 관성은 사회적으로 통용되는 보편 윤리이고, 사회 시스템이고, 기존 질서이다. 사주에 관성이 있다면 사회가 시키는 대로 자기 객관화를 할 수 있고, 사회질서를 지키면서 자기 고집을 버리고 환경에 맞춰 산다. 관성이 있다면 웬만해서는 나쁜 짓을 하지 않는다. 이러한 관성을 극(剋) 하는 것이 상관이다. 상관은 자기 고집과 주관으로 자기 마음대로 행동하고 말하면서 관성에 대항한다. 상관은 자유 영혼이고 타인을 배려하기보다는 자기 욕망이 먼저이기에 제멋대로 산다.

편관은 사회질서에 맞춰 산다. 사회가 원하는 대로 행동하고 말하기에 참을성이 있고, 참다 보니 스트레스받는다. 스트레스받기에 마음과 몸이 약해진다. 계축 일주 편관은 축토의 지장간에 계신기(癸辛己)가 있다. 계수 입장에서 계수는 비견 건강, 신금 편인은 사회적 지식, 기토 편관은 사회적 억압이다. 계축 일주는 축토의 지장간에 계수를 돕는 비견이 있고, 편인과 편관이 관인상생을 해서 계수를 조절하기에 사회생활을 잘할 수 있다. 계축 일주 편관은 스트레스받으면서도 질서에 적응한다. 정관은 순순하게 적응하고, 편관은 참으면서 적응한다.

계축 일주 편관의 십이운성은 관대(冠帶)이다. 관대는 성인(成人)이 되어 회사에 취직해서 직장 생활하면서 건강하게 돈을 번다. 자기 일에 대한 전문 기술이나 재능이 있고, 사회생활을 하는 처세술이 좋다. 관대는 어디를 가도 자기 힘으로 먹고사는 경쟁력과 추진력이다. 땅속을 흐르는 물인 계축 일주 관대는 은근한 힘으로 자기 할 일을 충실하게 하며 사회에서 인정받으며 산다.

계축 일주는 무자(戊子) 운이 오면 천간으로 무계합화(戊癸合火), 지지로 자축합토(子丑合土)를 하면 화생토(火生土)를 하기에 계수 입장에서 토 기운은 관성이라서 사회생활에서 인정받고, 관인상생이 되면 승진하고, 재물운이 좋아진다. 합의 운에서는 자기를 낮추고 상황에 맞추기에 크게 갈등하거나 충돌하지 않고 산다. 계축 일주가 충이 되는 운은 기미(己未) 운과 정미(丁未) 운이다. 기미 운이나 정미 운이 오면 계기충(癸己沖), 정계충(丁癸沖), 축미충(丑未沖)이 되기에 몸이 아프거나 일이 안 되거나 재물 손실이 있을 수 있다. 충 하는 운에서는 운전 조심, 건강 유의, 말과 행동을 조심해야 한다.

지지의 축토는 해자축 방합, 사유축 삼합, 자축합토를 한다. 합을 할 때는 자기를 주장하지 않고 여건과 환경에 맞춰 살기에 무난하게 지나간다. 축토가 미토와 축미충을 할 때는 축미(丑未)에 해당하는 소화기계가 약해질 수 있고, 계수 입장에서 관성인 토 기운끼리 충 하기에 관재수(官災數)가 있을 수 있다. 이런 운에서는 사회질서를 잘 지켜서 법적 분쟁을 만들지 말아야 한다. 축토는 축술미 삼형살을 짜는데, 이런 운에서도 운전 조심, 법질서 지키기, 타인의 재물에 손대지 않기 등 도덕적으로 살아야 한다. 축진파의 운에서는 건강 조심하고, 축오해, 축오원진, 축오귀문 운에서도 마음을 관리해야 우울증이나 불안증을 이겨낼 수 있다. 계축 일주는 은근한 끈기로 사회생활에서 자기 할 일 하면서 인정받으며 산다.

51. 갑인 일주 비견(比肩)

 갑인(甲寅) 일주 비견은 건강하다. 비견은 짐을 지고 앞으로 나아가는 힘이다. 비견은 건강함이고 어깨를 나란히 하는 친구이며 지인이며 자기 주변에 있는 사람이다. 사주에 비견이 있다면, 의지력이 강하고, 병에 걸려도 치료받아서 살아남고, 자기가 해야 할 일은 끝까지 하는 책임감이 있고, 인간관계를 무난하게 해서 외롭지 않다.
 갑인 일주 비견은 뿌리 튼튼한 나무이다. 지지의 인목(寅木) 지장간에 무병갑(戊丙甲)이 있다. 갑목 입장에서 무토 편재는 갑목이 뿌리내리고 사는 땅이며, 병화 식신은 갑목이 생(生) 해서 돈을 벌 수 있는 재능이며, 갑목 비견은 갑목에게 힘을 주고 병화 식신을 생(生) 한다. 갑목 입장에서 인목은 건강함과 자신감이다. 여기에 임수(壬水) 물기운만 있다면 갑목은 더 잘 자라서 훌륭한 인재가 될 수 있고, 경금(庚金)이 있어서 갑목을 가지치기해주면 갑목이 더 아름다울 수 있다. 갑인 일주는 웬만해서는 자기 의지를 굽히지 않는다.
 비견 일주는 갑인, 을묘, 무진, 무술, 기미, 기축, 경신, 신유 일주이다. 비견 일주로 태어난 사람은 기본적으로 생명력이 강하고, 자수성 가하고, 타인을 의지하기보다는 자기를 의지하면서 자기를 믿고 앞으로 나아간다. 양간 갑병무경임(甲丙戊庚壬)의 비견인 갑인, 무술, 무진, 경신 일주는 자기 자신에 대한 확신이 음간 을정기신계(乙丁己辛癸)의 비견보다 강하다. 갑인 일주와 경신 일주 비견은 지장간에 식신이 있어서 자기 생활력과 활동력도 좋다. 무진은 진토의 지장간에서 재생관(財生官)을 하고, 무술은 술토의 지장간이 정인극상관(正印剋傷官)을 한다. 무진이나 무술에 비해 갑인과 경신은 자기 기운이 더 강하고 고집이 더 세다.

갑인 일주 비견의 십이운성은 건록(建祿)이다. 건록은 건강하게 잘 자란 성인(成人)으로 일해서 돈을 번다. 건록은 자생력이 좋고, 자기에게 주어진 일을 책임감으로 완수한다. 갑인 일주 건록은 주변 사람들과 인간관계가 무난하고, 큰 단체나 조직에서 사람들과 평등하게 적응한다. 비견과 비교해서 겁재는 사람들과 잘 지내면서도 사람들을 지배하려고 하다가, 사람들에게 배신당하거나 사람들을 배신하기도 한다. 사주에 비견과 겁재가 네 개 이상이면 자기 과신을 하다가 손재수(損財數)와 관재수(官災數)를 당할 수 있으니 겸손해야 한다.

갑인 일주가 합이 되는 운은 기해(己亥) 운이다. 갑인 일주에게 기해 운이 오면 갑기합토(甲己合土), 인해합목(寅亥合木)이 되어 갑목 입장에서 토 기운에 뿌리내리고 목 기운으로 도움을 받기에 일이 잘 풀리고 건강해진다. 합의 운에서는 협력과 타협으로 시너지 효과를 낼 수 있다. 갑인 일주가 충이 되는 운은 경신(庚申) 운과 무신(戊申) 운이다. 경신 운과 무신 운이 오면 갑인 일주는 갑경충(甲庚沖), 갑무충

(甲戌沖), 인신충(寅申沖)을 하기에 갑인 일주 나무가 흔들린다. 충(沖)이 올 때는 하나는 사라지고 하나는 상처받기에, 충 하는 운에서는 말, 행동, 인간관계, 건강, 돈을 조심해야 한다.

지지의 인목은 인묘진 방합, 인오술 삼합, 인해합목을 한다. 합을 할 때는 자기를 낮추고 상대방에 맞춰서 자기를 변화시키기에 갈등 없이 무탈하게 지나간다. 자기 기운을 다른 기운으로 바꿔서 행동하기에 합의 운에서는 상황에 협력하면서 좋은 결과를 낸다. 인목(寅木)은 신금(申金)과 인신충을 하고, 인사신(寅巳申) 삼형살을 짠다. 삼형살의 운에서는 수술, 사고, 임종(臨終) 등의 일이 일어날 수 있으니 매사 조심해야 한다.

충(沖)은 비다, 공허하다, 중간이다, 깊다의 의미로 부딪쳐서 비거나 중화(中和)가 된다. 형(刑)은 형벌하다 죽이다의 의미로 사고, 문제 발생, 병원 입원, 수술, 감옥에 갇힘 같은 관재수가 작용한다. 형충(刑沖) 운이 올 때는 운전, 말, 건강, 행동을 조심해야 한다. 인해파(寅亥破)는 인해합목(寅亥合木)을 먼저 하기에 작용하지 않고, 인사해(寅巳害)는 인사신 삼형살로 작용할 수 있으니 조심해야 한다.

인미귀문(寅未鬼門), 인유원진(寅酉元嗔) 운에서는 우울증이나 불안증으로 시달릴 수 있으니 마음 관리를 하고, 화병도 생길 수 있으니 건강 관리를 잘해야 한다. 갑인 일주는 의지가 강해서 상황에 건강하게 적응하고, 자기 고집으로 자수성가한다.

52. 을묘 일주 비견(比肩)

 을묘(乙卯) 일주 비견은 자기 인생은 자기가 책임지며 산다. 비견은 어깨에 진 짐을 책임지고 버텨낸다. 비견은 자기 힘으로 먹을거리를 구하고 자수성가한다. 비견은 남에게 피해 주지 않고, 자기 삶은 자기 힘으로 끌고 간다. 일주가 비견이면 부모의 도움 없이 자생적으로 생활하면서, 인간관계도 잘하면서 자립적으로 산다.
 비견은 건강한 체력, 혈육, 친구, 사람이다. 비견은 식상을 생(生)하고, 재성을 극(剋) 해서 돈을 벌고, 관성이 제압할 때 관성의 스트레스를 받아내고, 인성의 생을 받으면 상황과 타협하며 산다. 사주에 비견 하나쯤 있어야 먹고사는 문제나 인간관계에서 무탈하다. 그런데 비견과 겁재가 사주에 네 개 이상이면 자기만 옳다고 우기고 타인과 협력하지 못하고 타인을 지배하려고 하다가 일이나 인간관계에서 낭패 볼 수 있다.
 사주에 비겁이 네 개 이상이면 남자는 아내와 이별 수가 있고, 여자는 재물 운이 약하다. 비겁이 네 개 이상이면 타인을 배려하고 인정하는 연습을 해야 한다. 사람은 혼자 사는 게 아니라 사람과 협력하면서 무리 속에서 산다. 무리 속에 있어야 사회인으로 대접받고 살아남는다. 사주에 관성이 있어서 네 개 이상의 비겁을 제압하면 좋다. 관성은 제멋대로 날뛰는 비겁을 사회에 맞게 조절하는 사회화 기능이다. 관성의 제압을 받은 비겁은 무리에 적응하면서 무리와 화합하는 절제력을 갖게 된다. 사주의 비겁을 관성이 제압하면 조직이나 단체에서 자기 능력을 인정받고 산다.

사주에 비겁은 두 개가 좋다. 비겁이 두 개이면 식상생재(食傷生財)를 해서 재성(돈)을 벌어들인다. 비겁은 관성이 제압할 때 자존감과 자존심을 유지하면서 건강하게 사회생활을 한다. 비겁이 두 개이면 사람들과 의견 교환도 적극적으로 활발하게 하며 자기 주체성을 잃지 않는다. 사주에 비겁이 한 개도 없으면 사람들에게 치여 자기 의견이 없고 인간관계가 힘들어 외톨이가 될 수 있다.

을묘 일주 비견의 십이운성은 건록(建祿)이다. 건록은 돈을 버는 힘이다. 건록은 자립적으로 살며 자생 능력이 좋다. 건록은 일 열심히 하고 사람과 잘 지내며 활동 능력이 좋다. 을묘 일주 비견 건록은 자기 힘으로 세상에 맞서기도 하고 타협하기도 하는 유연성이다. 묘목의 지장간에 갑을목(甲乙木)이 있어서 갑목은 겁재로, 을목은 비견으로 작용한다. 겁재로 식상을 생하고, 관성의 스트레스를 받아내고, 비견으로 식상을 살려서 재성을 손에 쥘 수 있다. 을묘 일주 비견의 건록은 건강한 체력으로 자기 먹을거리는 충분히 해결한다.

을묘 일주와 합이 되는 운은 경술(庚戌) 운이다. 경술 운이 오면 을묘 일주는 경을합금(庚乙合金), 묘술합화(卯戌合火)를 하기에 관성

운과 식상운이 좋아져서 관성운에는 승진, 결혼, 합격 같은 일이 발생하고, 식상운에는 사업 확장, 새 일 시작, 자식운이 좋아진다. 합을 할 때는 합의 기운이 작용하고 자기 본래의 기운도 작용하는데, 합은 상황과 갈등하지 않고, 사람과 타협하는 방향으로 작용하기에 운이 좋은 쪽으로 풀린다.

을묘 일주와 충이 되는 운은 신유(辛酉) 운과 기유(己酉) 운이다. 신유 운과 기유 운이 오면 을묘 일주는 천간으로 을신충(乙辛沖), 을기충(乙己沖), 지지로 묘유충(卯酉沖)을 하기에 몸이 아프거나 마음이 괴롭거나 사건 사고가 생길 수 있으니까 건강, 돈, 인간관계, 운전 등을 조심해야 한다. 충이 오면 한쪽이 사라지고 한쪽이 아프니까 손재수나 관재수나 구설수가 생길 수 있다.

묘목(卯木)은 인묘진 방합, 해묘미 삼합, 묘술합화를 하면 합의 기운으로 협력해서 산다. 묘목이 자묘형(子卯刑)을 하면 살짝 힘들어도 수생목(水生木)이라서 괜찮다. 묘유충(卯酉沖)을 하면 묘목에 해당하는 간, 담, 췌장, 머리, 사지(四肢), 뼈, 관절에 문제가 생기고, 유금(酉金)에 해당하는 폐, 대장, 호흡기계, 소화기계가 병들 수 있다. 묘목이 오묘파(午卯破)를 하면 살짝 힘들어도 목생화(木生火)를 하기에 괜찮다. 묘진해(卯辰害)는 인묘진 방합으로 가기에 해로움이 없다. 묘신원진(卯申元嗔)과 묘신귀문(卯申鬼門)에서는 마음이 아프거나 우울증, 불안증에 시달릴 수 있으니 마음 관리를 잘해야 한다. 을묘 일주는 자기 뿌리가 있어서 어디를 가도 살아남는 생명력이 강하다.

53. 병진 일주 식신(食神)

사주는 나쁜 사주가 없다. 나쁜 사주는 돈이 없다, 건강이 약하다, 아무리 노력해도 행복하지 않다 정도이지만, 이런 정도는 인간의 의지력과 생명력이 극복할 수 있는 고난과 시련이다. 사주의 80%는 기본적으로 좋고, 들어오는 운과 상호작용하며 살아남는 방향으로 나아간다.

병진(丙辰) 일주 식신은 먹고사는 재능과 기술이 있다. 식신(食神)은 먹을 복이며 자기 생활력과 활동력이다. 식신은 일을 무서워하지 않고 무슨 일이든 하면서 자기가 먹고살 재물은 성실하게 벌어들인다. 식신은 열심히 일하고 활동성이 좋고 인생을 즐겁게 살려고 한다. 병진 일주 식신은 진토(辰土)의 지장간에 을계무(乙癸戊)가 있는데, 병화 입장에서 을목 정인, 계수 정관, 무토 식신이다. 병화에게 진토는 정인과 정관을 가지고 있는 토양이기에 관인상생(官印相生)이 된다. 관인상생은 성실하게 일하며 주어진 사회에 적응하고 사람들에게 인정받는다.

병진 일주 진토의 지장간에서 무토와 계수가 무계합화(戊癸合火)가 되어 화(火) 기운을 만들면, 병화 입장에서 병화를 돕는 기운으로 작용하기에, 병화는 진토(辰土)가 이롭게 작용한다. 병진(丙辰)은 봄날에 새로 돋은 생명을 키우는 햇살이다. 병진 태양은 봄날의 생명체를 살리고 새싹을 피워내고 온갖 꽃을 피운다. 병화에게 진토는 병화가 길러내는 온갖 생명체가 자라는 땅으로 병화가 수확할 수 있는 생산물이 있는 보물의 땅이다.

양간 갑병무경임(甲丙戊庚壬)의 식신은 정관과 합을 하기에 정관을 극(剋) 하지 않고 정관과 타협해서 시너지 효과를 낸다. 식신은 정관과 합을 하기에 조직 생활에서 갈등하거나 투쟁하지 않고, 관성과 협력해서 기존 질서를 좋은 쪽으로 바꾼다. 식신은 일간(나)을 심하게 제압하는 편관을 극(剋) 해서 부드럽게 제압한다. 양간 갑병무경임의 식신은 정관과는 합을 해서 사회에 유연하게 적응하게 하고, 편관은 제압해서 스트레스를 덜 받게 한다. 양간(陽干)의 식신은 평화적인 문제 해결자이다.

음간 을정기신계(乙丁己辛癸)의 식신은 정관과 편관 둘 다 제압하고, 양간(갑병무경임)은 상관이 정관과 편관 둘 다 제압한다. 음간의 상관은 편관과 합을 하기에 음간의 상관은 음간에게 좋은 역할을 한다. 음간일 경우에 음간의 상관은 편관과 합이 되고, 음간의 정관은 일간(나)과 합을 하기에, 음간 입장에서 식신이나 상관이 좋게 작용할 수 있다.

상관은 양간의 상관이 기세가 세고, 음간의 상관은 편관과 합을 하기에 기세가 약하다. 음간의 상관은 상관생재로 흐르기에 재물운이 좋다. 식신과 상관이 관성을 극(剋) 하는 쪽으로만 움직이는 것은 아니다. 그러나 사주에 상관이 네 개 이상이면, 관성을 조절하는 것이 아니라 관성을 무시하기에 조직이나 단체 생활을 하지 못하고 프리랜서나 자영업, 장사 일을 하며 산다.

병진 일주 식신의 십이운성은 관대(冠帶)이다. 관대는 용기와 의지력으로 사회생활을 한다. 관대는 긍정적이고 낙관적인 자신감이다. 식신 관대는 식신생재를 해서 돈을 벌 수 있고, 양간의 식신은 정관과 합을 하고 편관은 다스리기에 사회 질서를 지키면서 돈을 벌고 자기 생활을 자립적으로 해결한다.

병진 일주가 합이 되는 운은 신유(辛酉) 운이다. 병진 일주는 신유 운이 오면 천간으로 병신합수(丙辛合水), 지지로 진유합금(辰酉合金)이 되기에 병화 입장에서 관성과 재성 운이 되면서 재생관(財生官)이 되면 사회에서 인정받고 재물운이 좋아진다. 합은 자기 고집을 버리고 시너지 효과를 낸다. 병진 일주가 충이 되는 운은 경술(庚戌) 운과 임술(壬戌) 운이다. 경술 운과 임술 운이 오면 병진 일주는 경병충(庚丙沖), 임병충(壬丙沖), 진술충(辰戌沖)을 한다. 충을 하면 극(剋) 당하는 쪽은 사라지고 극(剋) 하는 쪽은 아프다. 충 하는 운에서는 건강, 운전, 말, 행동, 돈, 인간관계를 조심해야 한다.

진미술축(辰未戌丑) 토 기운에서 진토만 삼형살이 없다. 진미술축 토 기운은 백호살, 괴강살도 있지만, 합형충파해로 먼저 해석하는 게 원칙이다. 묘진해(卯辰害)는 인묘진 방합으로 먼저 해석하기에 해(害)가 작용하지 않는다. 진해귀문, 진해원진 운에서는 마음 관리를 하면 된다. 병진 일주는 봄날의 태양이 내리쬐는 들판으로 아름답고 먹을 것이 풍부하다.

54. 정사 일주 겁재(劫財)

　정사(丁巳) 일주 겁재는 돈을 벌어도 돈이 없을 수 있다. 겁재는 남의 돈을 빼앗는다는 의미도 되고, 남에게 돈을 빼앗긴다는 의미도 된다. 겁재는 관성에게 제압당해야 남에게 돈과 재물을 빼앗기지 않는다. 관성이 제압하면 겁재는 자기가 할 일을 끝까지 하는 추진력으로 변해서 사회생활에서 성공한다. 음간(陰干) 을정기신계(乙丁己辛癸)의 겁재는 정관(正官)과 편관(偏官)이 있어야 다스려지기에 음간 겁재는 사주에 관성이 있어야 좋은 쪽으로 운이 흐른다.

　음간 정화(丁火) 입장에서 정관 임수(壬水)는 정임합목을 해서 목생화(木生火)를 하기에 정화에게 힘이 된다. 정화 입장에서 편관 계수는 정화의 겁재인 병화(丙火)를 제압하기에는 힘이 부족해도, 병화의 기운을 조절하기에 정사 일주에게 임계수 관성은 꼭 필요하다. 사주는 음양오행이 중화된 사주를 좋게 본다.

　정사 일주의 겁재 병화는 정화의 편재 신금(辛金)과 병신합수(丙辛合水)가 되어서 관성으로 변하면서 겁재를 다스리기에 정사 일주에게 편재 신금이 나쁘지 않다. 정사 일주에게 병화 겁재가 돈 씀씀이가 있는 편재 신금과 합을 해서 물기운으로 변하면 물이 불기운을 조절하기에 사주에 신금(辛金) 편재가 있다면 겁재의 힘이 약해져서 좋게 작용한다.

겁재는 좋게 쓰이면 독립심, 자립심, 추진력, 의지력, 승부 욕망이다. 이런 장점을 이용해서 겁재는 단체의 장(長)이 될 수 있고, 정치가, 검경(檢警), 의약사(醫藥士) 같은 사람의 운명을 결정짓는 직업에서 뛰어날 수 있다. 그런데 사주에 겁재가 비견과 합쳐서 네 개 이상이면 안하무인으로 행동하고 말해서 관재수, 손재수, 구설수가 생길 수 있다. 사주에 비겁이 네 개 이상이면 비겁을 합하는 재성운이나 관성운이 들어와도 비겁이 바로 잡히지 않아서 부정적인 일이 발생할 수 있으니 항상 겸손해야 한다.

정사 일주는 활활 타오르는 불이다. 사화(巳火)의 지장간에 무경병(戊庚丙)이 있다. 정화 입장에서 무토 상관은 정화가 사회활동을 하게 하고, 경금 정재는 상관생재(傷官生財)를 해서 벌어들이는 재물이고, 병화 겁재는 정화가 상관생재로 번 돈을 빼앗아 가는 경쟁자이다. 정사 일주는 상관생재로 돈을 벌지만, 겁재에게 돈을 빼앗길 수 있기에 돈 관리를 잘해야 한다. 일주가 겁재이면 돈을 벌어도 결과적으로는 돈이 없을 수 있기에, 일주가 겁재이면 주식이나 가상화폐에 투자하는 일은 조심해야 한다.

정사 일주 겁재의 십이운성은 제왕(帝旺)이다. 제왕은 자기 힘이 넘쳐서 단체를 책임지는 대장이다. 제왕은 무리하게 자기 고집을 부리다가 실패할 수 있기에, 매사 겸손하게 행동하고, 일에서 이해득실을 따져야 한다. 제왕은 재성을 극 하지만, 너무 극 하다가 자기 재산을 한 번에 잃어버릴 수 있다. 정사 일주 겁재 남자는 아내인 재성을 극 하기에 부부운이 좋지 않고, 정사 일주 겁재 여자는 정관과는 합을 하고, 편관에게 극을 당하기에 남편운이 좋지 않다.

정사 일주는 임신(壬申) 운이 오면 정임합목(丁壬合木), 사신합수(巳申合水)가 되어 운이 좋게 풀린다. 정화 입장에서 목기운(木氣運)으로 생을 받고, 수기운(水氣運)으로 제압 받으면 정사 일주가 환경에 순응하면서 운이 좋게 풀린다. 정사 일주가 충(沖) 하는 운은 계해(癸亥) 운과 신해(辛亥) 운이다. 계해 운과 신해 운이 오면 정계충(丁癸沖), 정신충(丁辛沖), 사해충(巳亥沖)이 일어나서 한쪽은 사라지고, 한쪽은 아프다. 정화에 해당하는 심장, 소장, 혈관계나 계수에 해당하는 방광, 신장, 생식기계가 아플 수 있다. 사화(巳火)에 해당하는 혈관계나 심소장(心小腸)이 병이 나고, 해수(亥水)에 해당하는 방광, 신장, 생식기계가 아플 수 있으니 충 하는 운에서는 건강관리에 힘써야 한다.

사화(巳火)는 사오미 방합, 사유축 삼합, 사신합수를 한다. 합을 할 때는 상대방과 협력하고 상황에 적응하기에 운이 무탈하게 흐른다. 사화가 인사신 삼형살(寅巳申 三刑煞)을 짜면 손재수나 관재수를 당한다. 사신파(巳申破)는 사신합수(巳申合水)가 먼저이기에 작용하지 않고, 인사해(寅巳害)는 인사신 삼형살인지 살펴야 한다. 사술원진(巳戌元嗔), 사술귀문(巳戌鬼門) 운에서는 우울증, 불안증, 신경증을 앓을 수 있으니 마음 관리를 잘해야 한다.

55. 무오 일주 정인(正印)

　무오(戊午) 일주 정인은 활활 타오르는 뜨거운 대지이다. 물이 필요하기에 임계수(壬癸水)가 있으면 좋다. 임수는 오화의 지장간 정화와 정임합목(丁壬合木)을 하고, 계수는 무토와 무계합화(戊癸合火)를 해서 임계수의 역할이 미미하지만, 그래도 사주에 임계수가 있는 게 좋다. 대운이 임계수나 해자축(亥子丑)으로 흐르는 게 좋다.

　무오 일주 정인은 똑똑하다. 정인은 배우기를 좋아하고, 공부를 즐기는 편이며, 선생님이나 교수 같은 가르치는 일을 잘한다. 정인은 어머니이기에 사람들에게 봉사하거나 사람들의 마음을 고치는 의약사 같은 전문직도 좋다. 정인(正印)은 자격증, 졸업장, 인증서로 전문직 일을 할 수 있다. 정인은 관인상생(官印相生)을 잘해서 사회에 적응하기를 잘하고, 눈치가 빠르고, 조직에 동화되어 산다.

　정인은 화합의 기운으로 상황에 협력하고 타인과 타협하면서 인간관계를 유연하게 한다. 그런데 정인이나 편인이 사주에 네 개 이상이면 게으르고 무사태평일 수 있다. 사주에 인성(印星)이 네 개 이상이면 일하기를 싫어하고 누가 벌어먹여 주기를 바란다. 이럴 때는 비겁이 있어서 인성의 기운을 빼거나 혹은 재성운이 들어와서 정인을 자극해야 정인이 제정신을 차리고 사회생활을 한다.

양간 갑병무경임(甲丙戊庚壬)의 정인은 편재와 합을 하는데, 정인과 편재가 합을 하면 지식과 정보를 이용해서 돈을 벌 수 있다. 무오 일주 정인은 편재 운이 들어올 때 재성과 합이 되기에 평소에 공부를 열심히 해서 자격증을 따 놓았다면 재물운이 좋아진다. 정인은 자격증을 가지고 전문 지식인으로 살아야 인생이 무탈하다. 정인이 자격증이 없으면 몸으로 하는 일을 한다.

정인은 인자한 어머니이다. 어머니는 희생하며 자식에게 상처 주지 않으려고 노력하기에 타인의 눈치를 보고 상황적으로 행동한다. 정인은 어른 말을 잘 듣고 어른들과 갈등 없이 지내려고 한다. 남자나 여자나 일주 정인은 주어진 질서 내에서 평화롭게 살려고 한다. 그래서 정인은 타인의 눈치를 보며 자기 의견을 확실하게 내지 않기에 어떨 때는 우유부단하게 보일 수 있다.

무오 일주 정인의 십이운성은 제왕(帝旺)이다. 제왕은 사람들을 지배하고 제압하지만, 자기 힘만 믿고 나대다가 실패할 수 있기에 겸손하게 행동해야 인생길이 편안하다. 무기토는 십이운성을 병정화와 화토동궁(火土同宮)으로 같이 흐른다. 무기토의 십이운성은 병정화의 십이운성과 같다. 갑을병정무기경신임계의 중간에 처한 무기토는 경신임계보다 갑을병정에 가깝다.

갑을병정무기는 봄에 난 싹을 키우고, 경신임계는 싹의 결과물을 수확하거나 보관한다. 갑을병정무기는 생명을 키우고, 경신임계는 갈

무리해서 한 단계 성장시킨다. 무기토는 병정화와 함께 싹을 키우는 역할을 하기에 병정화와 화토동궁의 운을 함께 흐른다. 무오 일주 정인은 겁재 제왕 역할을 한다. 오화(午火)의 지장간에 병기정이 있는데, 무토 입장에서 병화는 편인, 기토는 겁재, 정화는 정인이다. 기토 겁재가 지장간에 있기에 무오 일주 정인은 십이운성이 제왕 겁재이다. 겁재는 손재수와 관재수도 되니까 돈 관리를 잘하고 도덕적으로 살아야 좋다.

무오 일주와 합이 되는 운은 계미(癸未) 운이다. 계미 운이 오면 무오 일주는 무계합화, 오미합화를 해서 뜨거운 열기의 대지가 된다. 무오 일주는 한여름 뙤약볕으로 들판의 곡식을 맛나게 만든다. 무오 일주가 충이 되는 운은 임자(壬子) 운과 갑자(甲子) 운이다. 임자 운과 갑자 운이 오면 임무충(壬戊沖), 갑무충(甲戊沖), 자오충(子午沖)이 일어난다. 충이 일어날 때는 건강을 관리하고, 운전을 조심해야 한다. 무토에 해당하는 소화기계나 오화에 해당하는 혈관계, 심소장(心小腸), 혈압, 등의 질병을 앓을 수 있다.

오화는 사오미 방합, 인오술 삼합, 오미합화를 한다. 오화 자체가 열기이기에 합을 하는 기운에서도 화 기운이 가득하다. 자오충에서는 건강과 말과 인간관계를 조심하고, 오묘파도 오화를 돕기에 불기운으로 작용한다. 오화는 축토와 축오해, 축오원진, 축오귀문을 짠다. 오화 입장에서 축토 운이 오면 오화가 얼어버리기에 불안하다. 오화는 축토 운에서는 건강 관리에 힘쓰고 매사 조심해야 한다. 무오 일주는 뙤약볕이 내리쬐는 대지에서 곡식이 알차게 자라는 땅이다.

56. 기미 일주 비견(比肩)

 기미(己未) 일주 비견은 자수성가한다. 미토의 지장간에 정을기(丁乙己)가 있는데, 기토 입장에서 정화 편인은 기토를 똑똑하게 만들고, 을목 편관은 기토를 책임감 있게 만들고, 기토 비견은 기토를 건강하게 만들고 기토의 편이 되는 인간관계가 되어준다. 기미 일주 비견은 자기 독립적으로 세상을 살 수 있다. 미토의 지장간 을목과 정화가 관인상생(官印相生)을 하기에 조직이나 단체 생활을 무난하게 한다. 음간 을정기신계(乙丁己辛癸)의 비견은 양간 갑병무경임(甲丙戊庚壬)의 비견과 비교해서 사회 적응을 순하게 하는 편이다.
 십성(十星)을 자아에 비유한다면 비겁은 본질적 자아, 식상은 현실적 자아, 재성은 경제적 자아, 관성은 정치적 자아, 인성은 인정받는 자아이다. 비겁은 자기 내면의 목소리를 따르고, 식상은 현실에 맞춰서 행동하고, 재성은 돈 버는 일을 잘하고, 관성은 인간관계를 하는 자아이고, 인성은 사회에서 인정받는 자아이다. 기미 일주 비견은 미토의 지장간에서 관인상생을 하기에 사회생활에서 사람들과 화합하면서 인정받을 수 있다.

　기미 일주 비견의 십이운성은 관대(冠帶)이다. 관대는 사회생활을 시작한 청년의 패기로 힘이 있다. 관대는 밀고 나가는 추진력, 독립심, 자립심으로 자기 인생을 스스로 책임진다. 비견은 건강하고 주위에 있는 사람들이 인덕이 되어준다. 비견은 관성에게 제압당하면 사회 적응력이 좋아지고 타협적으로 산다. 관성은 사회 질서로서 개인을 사회화시킨다. 비견은 식상을 생(生) 해서 재성(財星)을 손에 쥔다. 사주에 비견 하나쯤 있다면 사회생활을 순조롭게 하고 돈을 벌 수 있다.

　관대는 긍정적이고 낙관적이다. 관대 역시 비견처럼 관성에 대항하지 않고 관성(조직 질서)에 순응하면서 사회적으로 자립한다. 비견 관대는 식상을 생 해서 재성(돈)을 손에 쥐며, 관성(조직)의 말을 잘 듣고, 인성(인정받음)으로 실력을 키운다. 인성은 사회가 통용하는 지식과 정보를 보편적으로 인정하고 합리적으로 행동한다. 인성은 배움을 좋아하고 자격증을 따서 전문 지식인이 되는 능력이다. 인성이 생(生) 한 비견은 전문적인 능력으로 사회에서 쓰임이 좋게 작용한다.

　기미 일주는 갑오(甲午) 운이 오면 천간으로 갑기합토(甲己合土), 지지로 오미합화(午未合火)를 하기에 화생토(火生土) 하는 생의 기운을 받아서 합의 운이 좋게 흐른다. 기미 일주가 충 하는 운은 계축(癸丑) 운과 을축(乙丑) 운이다. 계축 운과 을축 운이 오면 기미 일주는 천간으로 계기충(癸己冲)과 을기충(乙己冲)을 하고, 지지로는 축미충(丑未冲)을 하기에 기토에 해당하는 소화기계나 계수에 해당하는 신장, 방광, 생식기계나, 을목에 해당하는 머리, 사지(四肢), 간,

담, 췌장이 약해질 수 있다. 충(沖) 하는 운에서는 건강, 돈, 인간관계, 말, 행동을 조심해야 한다.

미토는 사오미 방합, 해묘미 삼합, 오미합화를 한다. 합(合)하는 운에서는 상황에 맞추기에 큰 갈등 없이 지나간다. 합은 상대방과 합의하고 상황에 협력하는 중화의 기운이다. 미토는 축술미(丑戌未) 삼형살을 짠다. 축술미 삼형살 운에서는 돈을 잃거나, 건강을 잃거나, 병원에 입원하거나, 수술하거나, 인간관계가 깨지거나 부정적인 일이 일어난다. 삼형살의 운에서는 운전 조심, 건강 조심, 돈놀이 같은 투자나 투기를 하지 않아야 한다.

미토가 술미파(戌未破)를 하는데, 이때는 축술미 삼형살이 되는지 살펴보고, 술미파의 운에서도 매사 조심해야 한다. 미토는 자미해(子未害), 자미원진(子未元嗔), 인미귀문(寅未鬼門)을 짠다. 기미 일주 미토에게 자수운(子水運)이나 인목운(寅木運)이 오면 마음 관리, 건강 관리, 인간관계 관리, 운전 조심, 말과 행동을 조심해야 한다. 이런 운이 오면 인내하고 버티는 참을성을 키워야 무탈하게 지나간다.

진미술축 토 기운은 십이운성에서 관대(冠帶), 쇠지(衰支), 묘지(墓支), 양지(養支)로 쓰이기에 어떤 의미로 쓰이는지 살펴보고 잘 해석해야 한다. 진미술축을 묘지로만 해석하거나 백호살이나 괴강살로 해석하면 사주 해석에서 실수할 수 있다. 기미 일주 미토는 관대이기에 기토에게 긍정적으로 작용한다. 기미 일주는 한여름 들판이나 논밭에서 알곡을 맺고 있는 먹을거리이기에 먹고사는 일로 걱정할 게 없다.

57. 경신 일주 비견(比肩)

경신(庚申) 일주 비견은 자수성가한다. 경신 일주 신금(申金)의 지장간 무임경(戊壬庚)은 경금 입장에서 무토는 편인, 임수는 식신, 경금은 비견이다. 편인의 생을 받는 경금은 식신을 생 해서 재성(돈)을 벌 수 있다. 편인은 자기 실력이며 타인의 도움이고, 비견은 건강한 체력이며 독립심이고, 식신은 먹고사는 활동력이며 타인을 배려하는 태도이다. 경신 일주 비견은 자기 힘과 실력으로 세상을 살아낸다.

경신 일주는 철강, 금강(金剛)이기에 잘 살면 권력자가 되고, 흐지부지 살면 평범한 시민이다. 경신 일주 비견은 금강석이기에 복종하는 일을 싫어하고, 조직이나 단체에서 이기려고 하는 승부 욕망이 있다. 그런데 자기 실력이 없으면 복종해야 하는데, 일간 자체가 강한 금강석이기에 조직이나 단체에 적응하기보다는 자기 혼자 하는 사업을 한다. 그러다가 돈을 벌면 크게 벌고, 아니면 지지부진 일만 할 수 있다.

경신 일주에게 필요한 글자는 경신을 녹일 수 있는 병정화(丙丁火)와 경금이 수확할 수 있는 갑을목(甲乙木)이다. 경신 일주는 병정화 관성(官星)으로 다스려져서 쓸모 있는 생활 도구가 되어야 사회적으로 쓰임이 있고, 갑을목이라는 결과물을 손에 쥘 수 있다. 경신 일주 신금(申金)의 지장간에 편인과 비견과 식신이 있기에, 경신이 극(剋)할 재성 갑을목과 경신을 제어할 관성 병정화가 있다면 경신 일주는 사회적으로 무난하게 산다.

경신 일주 비견은 사람을 다스리기보다는 사람과 평등하게 지낸다. 비견은 친구, 인맥, 나와 어깨를 겨루는 사람, 나와 함께 가는 사람이다. 비견은 나와 함께 하는 사람으로 나와 같은 기운이며 건강한 체력, 넘어지지 않는 지지대, 주춧돌이다. 사주에 비견 하나가 있다면, 기초 체력은 좋은 편이고, 활동적이며, 인간관계에서도 상대방을 자기와 같게 생각하는 공감 능력이 좋다.

경신 일주 비견의 십이운성은 건록(建祿)이다. 건록은 건강함이고 자기 자립성이고, 자수성가하는 경제적 활동력이다. 경신 일주가 어렸을 때부터 자기를 책임지면서 잘 자라면 사회에 나와서 자기에게도 남에게도 도움이 되는 삶을 살 수 있다. 경신 일주가 어렸을 때 학교 생활을 엉망으로 하고 공부하지 않고 사회에 나오면 하는 일마다 실패할 가능성이 있다. 비견의 부정적인 면은 남의 말을 듣지 않고, 자기식대로 일을 추진하다가 망한다는 것이다. 일주가 비견이나 겁재이면 상황 판단을 합리적으로 해야지, 자기감정대로 밀고 나가면 오히려 일을 망치고 인간관계가 깨질 수 있다.

비견이나 겁재가 사주에 네 개 이상이면 사주에 관성이 있어서 비견이나 겁재와 합(合)을 해서 비겁의 힘을 눌러야 한다. 관성 없이 사주에 비견과 겁재만 있다면, 그 비겁은 사회생활을 할 때 독단적으로 행동하다가 자기 실패를 거듭한다. 사주에 비겁이 네 개 이상이면 자수성가하기에 부모복이 약하다. 설혹 부모가 물려준 재산이 있어도 한 번은 다 잃어버리고 자기 힘으로 다시 일어난다. 사주에 비겁이 네 개 이상이면 월급 생활보다는 자영업을 하는 편이다.

경신 일주는 을사(乙巳) 운(運)이 올 때 경을합금(庚乙合金), 사신합수(巳申合水)를 하기에 금기운과 수기운의 힘으로 좋은 기회가 생길 수 있어서 긍정적으로 운이 흐른다. 경신 일주에게 병인(丙寅) 운과 갑인(甲寅) 운이 오면 경병충(庚丙沖), 갑경충(甲庚沖), 인신충(寅申沖)이 발생하여 한쪽은 사라지고, 한쪽은 다칠 수 있다. 이런 운에서는 돈을 손해 보는 손재수, 인간관계에서는 구설수와 소송수, 범법을 저질렀을 때는 관재수, 아파서 병원에 입원하거나 수술수도 있다. 충하는 운에서는 매사 조심해야 한다.

지지(地支)의 신금(申金)이 신유술 방합, 신자진 삼합, 사신합수를 할 때는 합을 하기에 상황에 협력하고 타인에게 타협하면서 무탈하게 운이 흐른다. 신금은 인신충(寅申沖)이나 인사신(寅巳申) 삼형살 운에서는 건강, 돈, 인간관계, 말, 행동, 운전을 조심해야 한다. 사신파(巳申破)는 사신합수(巳申合水)를 하기에 작용하지 않고, 신해해(申亥害)는 살짝 부정적이지만 버텨낼 수 있다. 신묘원진(申卯元嗔)이나 신묘귀문(申卯鬼門) 운에서는 마음을 관리해야 우울증, 불안증, 공황장애를 앓지 않고 넘어갈 수 있다. 경신 일주는 자신감이 높은 일주이다.

58. 신유 일주 비견(比肩)

신유(辛酉) 일주 비견은 '경신(庚申) 일주 비견'에 비해서 자기 주관이 더 뚜렷하다. 경신 일주 비견은 '편인-식신-비견'의 구조라면 신유 일주 비견은 '겁재-비견'으로 자기 기운이 가득해서 주관과 자존심이 세다. 신유 일주 비견은 웬만해서는 자기 고집을 꺾지 않고 밀고 나가는 추진력과 힘이 있다. 신유 일주는 음음(陰陰)의 만남이라서 자기 내면을 유지하는 힘이 있다. 양(陽) 기운이 바깥으로 활발하게 움직이며 발산된다면, 음 기운은 안으로 자기 힘을 모으기에 내면의 힘이 세다.

신유 일주 지지(地支)인 유금(酉金)의 지장간에 경신금(庚辛金)이 있다. 신금(辛金) 입장에서 경금은 겁재, 신금(辛金)은 비견이다. 신금은 경금 다음에 오고, 경금을 세공한 모습이 신금이기에, 신금 입장에서 경금은 신금의 원료이다. 신유 일주 신금(辛金)은 자기 원료를 가지고 있기에 신금의 에너지가 줄지 않는다. 신금은 경금에게 기운을 받아 생명력이 좋다.

음간 을정기신계(乙丁己辛癸)는 양간 갑병무경임(甲丙戊庚壬)인 겁재(劫財)의 도움을 받으면 자기 기운이 넘치며, 체력이 좋고, 건강하고, 남과 경쟁할 때 추진력과 자립심이 있다. 사주에서 일간(내가 태어난 날) 옆에 연월시간(年月時干)에 비견이나 겁재가 있다면 일간의 소유물을 빼앗아가는 친구나 혈육이 있지만, 그래도 비견이나 겁재는 일간을 외롭지 않게 하는 인맥이다.

양간에게 겁재는 자기 기운을 나눠주는 동생이고, 음간에게 겁재는 형의 기운을 이어받아 자기 기운으로 이용할 수 있다. 천간 갑을병정무기경신임계(甲乙丙丁戊己庚辛壬癸)의 순서를 보면, 갑목이 을목으로 이어지고, 을목이 병화로 이어진다. 양간은 음간을 돕고, 음간은 같은 오행인 갑목을 돕지 않고, 다른 오행인 병화를 돕는다. 음간 입장에서 양간 겁재는 도움이 되고, 음간 을목은 갑목을 돕기보다는 자기 다음에 오는 병화를 돕는다. 그래서 음간 을정기신계 일주는 양간 갑병무경임인 겁재가 도움이 된다.

신유 일주는 음간(陰干)이기에 유금(酉金)의 지장간 경금 양간이 신금 음간에게 도움이 된다. 신금은 경금의 도움으로 자기 기운이 소진되지 않고, 게다가 유금의 지장간 신금까지 신금을 돕는 비견이기에 신유 일주는 개성이 강하고 건강하다. 신유 일주는 세공된 완성품이기에 자기를 간섭하는 제도나 지적하는 사람을 싫어한다. 음간이기에 시키는 대로 조직에 적응도 잘하지만, 신유 일주 비견은 프리랜서나 자영업 같은 독립적인 일도 잘한다.

신유 일주 비견의 십이운성은 건록(建祿)이다. 건록은 잘 자란 성인(成人)으로 어디를 가든 자기 책임감이 있고, 타인과 합리적으로 협조하며, 상황에 적응하는 인간관계를 한다. 건록은 개인주의자이며 합리주의자이다. 그러나 사주에 비겁이 네 개 이상이면 남과 타협하기보다는 자기가 이겨야 하기에 승부 욕망이 작용한다. 비겁이 네 개 이상이면 지기 싫어해서 자기 마음대로 했다가 반드시 한 번은 망한다. 비겁이 네 개 이상이면 조직이나 단체에 속해서 월급 받으면서 사는 게 평탄하다.

신유 일주는 병진(丙辰) 운이 오면 병신합수(丙辛合水), 진유합금(辰酉合金)을 해서 운이 순조롭게 흐른다. 신금 입장에서 수기운(水氣運)으로 생활력이 좋아지고, 금기운(金氣運)으로 건강이 좋아진다. 신유 일주가 충(沖)이 되는 운은 정묘(丁卯) 운과 을묘(乙卯) 운이다. 정묘 운과 을묘 운이 오면 정신충(丁辛沖), 을신충(乙辛沖), 묘유충(卯酉沖)이 되어 한쪽은 사라지고, 한쪽은 아프다. 이런 운에서는 건강, 돈, 인간관계, 말, 행동을 조심해야 무탈하게 지나간다. 묘유충은 묘목에 해당하는 머리, 사지, 간, 담, 췌장이 문제 생길 수 있고, 유금에 해당하는 폐, 대장, 호흡기계가 약해진다.

유금은 신유술 방합, 사유축 삼합, 진유합금을 할 때는 자기 기운이 넘쳐 건강하다. 합은 협력하고 타협한다. 유금이 유유형(酉酉刑)을 할 때는 겸손하게 살면 된다. 자유파(子酉破)는 음음(陰陰)끼리 만나는 운이라서 부정적으로 보기에 살짝 조심하면 된다. 유술해(酉戌害)는 신유술 방합으로 보기에 해(害)가 일어나지 않는다. 인유원진(寅酉元嗔)과 자유귀문(子酉鬼門) 운은 우울증, 불안증, 신경증을 앓을 수 있으니 매사 예민하게 반응하지 말고 마음 관리를 하면 된다.

59. 임술 일주 편관(偏官)

　임술(壬戌) 일주 편관은 상황에 협력하며 지혜롭게 산다. 술토의 지장간에 신정무(辛丁戊)가 있는데, 임수 입장에서 신금(辛金)은 정인, 정화는 정재, 무토는 편관이다. 신금 정인으로 생(生)을 받은 임수(壬水)는 문서운, 인맥운, 명예운이 좋다. 정화 정재와는 정임합목(丁壬合木)으로 식상의 기운을 만들어서 식상생재(食傷生財) 하는 부지런함이 있고, 무토 편관으로 물을 저장해서 필요할 때 물을 사용할 수 있다. 임술 일주는 자기 일주만으로 세상에 적응해서 먹고살기를 할 수 있다.

　양간(陽干) 일주 편관은 양간의 겁재와 합을 하기에 양간에게 편관이 나쁘지 않다. 임수(壬水)에게 겁재는 계수(癸水)인데, 계수는 임수의 편관 무토(戊土)와 무계합화(戊癸合火)를 해서 화(火) 기운으로 변하면 임수에게 재성(財星)이 되기에 임술 일주에게 편관 무토는 겁재 계수가 재물을 겁탈해가는 손재수를 막아준다. 양간 갑병무경임의 겁재는 편관과 합을 해서 편관의 압박을 중화시키는 좋은 역할을 한다.

편관은 스트레스받아도 적응하며 살아간다. 정관은 순응적으로 적응하고, 편관은 스트레스받으면서 적응한다. 정관이든 편관이든 사회 적응 능력이다. 사주에 관성이 있어야 주어진 사회에 적응하면서 사회적 인간으로 공동체의 질서를 지키며 산다. 그리고 관성 옆에 인성이 있어서 관인상생(官印相生)이 되면 사회로부터 자기 능력을 인정받으며 산다.

관성을 극(剋) 해서 사회 적응력을 방해하는 십성이 상관(傷官)이다. 상관은 관성(사회질서)을 건드려서 불화를 일으킨다. 사주에 관성이 있는데, 관성 옆에 상관이 있다면 사회생활을 적대적이고 공격적으로 하기에 조직에 적응하기보다는 개인 사업이나 프리랜서로 일하는 편이 낫다. 상관은 먹고사는 생활력도 되지만 구설수도 된다. 편관 옆에 상관이 있다면 편관은 제 역할(질서 지키기)을 하지 못한다.

양간(陽干) 갑병무경임(甲丙戊庚壬) 일주가 편관이면 연월시주(年月時柱)에 상관이 있는지 봐야 한다. 양간의 상관은 정관과 편관을 다 건드려서 관재수를 일으킨다. 상관은 기존 질서인 관성을 따르지 않는 반항아이다. 상관견관(傷官見官)이 될 때는 상관을 합해서 중화시키는 편인이 사주에 있으면 좋다. 상관견관은 관재수(官災數) 구설수(口舌數) 손재수(損財數)를 일으키기에 양간 일주 편관이면 상관 운에서 조심해야 한다.

임술 일주 편관의 십이운성은 관대(冠帶)이다. 관대는 사회생활을 잘한다. 관대는 신체적으로 건강하고 정신적으로 자신감이다. 관대는 웬만해서는 절망하지 않는다. 관대는 일간을 생(生) 해주고 일간을 돕는다. 임술 일주 편관 관대는 스트레스가 있어도 관대의 힘으로 받아내면서 일상생활이나 사회생활을 잘할 수 있다. 일주가 편관 관대이면 조직이나 단체에 속해서 자기에게 주어진 일을 성실하게 하면서 성공할 수 있다.

　진미술축(辰未戌丑) 토기운은 저장고(貯藏庫) 역할도 하기에 사주에 진미술축이 있다면 저장하는 기질이 있어서 알뜰하며 구두쇠로 산다. 진토는 봄의 새싹을 기르는 땅이고, 미토는 열매를 만드는 땅이고, 술토는 열매를 완전히 익히는 땅이며, 축토는 수확된 열매나 씨앗을 보관하는 땅이다. 진미술축 토 기운 중 술토와 축토가 숙살지기(肅殺之氣)로 쓸모없는 것은 죽이기에 냉정할 수 있다.

　임술 일주가 합이 되는 운은 정묘(丁卯) 운이다. 정묘 운이 오면 정임합목(丁壬合木), 묘술합화(卯戌合火)가 되기에 임술 일주는 식상생재로 재물운이 좋아진다. 임술 일주에게 충이 되는 운은 병진(丙辰) 운과 무진(戊辰) 운이다. 병진 운과 무진 운이 오면 임술 일주는 천간으로 병임충(丙壬沖), 무임충(戊壬沖), 지지로 진술충(辰戌沖)을 하기에 한쪽은 사라지고 한쪽은 깨진다. 충 하는 운에서는 매사 조심해야 입원수, 수술수, 관재수, 손재수가 무탈하게 지나간다.

　술토는 신유술 방합, 인오술 삼합, 묘술합화를 한다. 합하는 운에서는 상황에 적응하기에 무탈하게 지나간다. 술토가 축술미(丑戌未) 삼형살을 짤 때는 조심해야 사건 사고가 일어나지 않는다. 유술해(酉戌害)는 유술 방합(方合)을 하기에 작용하지 않고, 술미파(戌未破)는 축술미 삼형살로 갈 수 있다. 사술원진(巳戌元嗔)과 사술귀문(巳戌鬼門) 운에서는 우울증이나 불안증 같은 마음을 관리해야 한다.

60. 계해 일주 겁재(劫財)

계해(癸亥) 일주 겁재는 대양(大洋)이다. 천간도 물, 지지도 물로 물바다이다. 겁재는 비견보다 힘이 세고, 건강하고, 추진력과 경쟁력이 있다. 겁재는 재성을 겁탈하거나 재성을 자만심으로 제압하다가 오히려 큰돈을 잃어버릴 수 있다. 겁재는 빼앗기도 하고, 빼앗기기도 하는 이중성이 있으니 겁재의 동향을 잘 살펴서 해석해야 한다.

일주가 겁재이면 남녀 모두 부부운이 약하다. 남자는 겁재가 재성(아내)을 극 하기에 아내와 이별수(離別數)가 있고, 여자는 재성(돈)을 극 하기에 재생관(돈으로 남편을 보호하는 일)을 하지 못해서 남편과 이별수가 있다. 관성(官星)은 재성으로 생을 받으면 관성이 겁재를 극해서 겁재를 다스리는데, 재성의 생을 받지 못한 관성은 힘이 없다. 사주에 관성이 없으면 관성이 겁재를 다스리지 못해서 겁재가 제멋대로 날뛰어서, 남녀 모두 일주가 겁재이면 부부운(夫婦運)이 약하다.

부부운이 약한 일주는 남녀 모두 겁재 일주, 여자 상관 일주이다. 특히 남자 일주 겁재는 아내를 독재적으로 제압해서 아내를 아프게 한다. 여자 일주 상관은 관성(남편)을 극 하기에 남편과 이별수가 있다. 남자 일주 겁재와 여자 일주 상관은 배우자를 배려하고 존중해야지 결혼생활을 무탈하게 할 수 있다. 남자 일주 겁재에 관성이 있어서 관성이 겁재를 극 해서 겁재가 재성을 극 하지 못하면 부부운이 괜찮고, 여자 일주 상관에 인성(印星)이 있어서 인성이 상관을 극하고 관성을 보호하면 부부운이 나쁘지 않다.

음간(陰干) 을정기신계(乙丁己辛癸) 입장에서 겁재 갑병무경임(甲丙戊庚壬)은 음간의 편재(偏財)와 합을 하기에 사주에 편재가 있다면 겁재가 돈 버는 쪽으로 움직여서 긍정적인 역할을 한다. 예를 들어 음간 계수의 겁재는 임수인데, 계수 입장에서 편재 정화는 겁재 임수와 정임합목을 해서 계수의 식상이 되면서 식상생재 한다. 음간 입장에서 겁재는 편재와 합을 해서 겁재가 돈을 버는 추진력이 된다. 그러나 사주에 겁재는 하나가 좋고, 둘 이상은 손재수로 작용한다.

계해 일주 지지 해수(亥水)의 지장간(支藏干)은 무갑임(戊甲壬)이다. 계수 입장에서 무토 정관은 무계합화(戊癸合火)를 하기에 무토 관성이 재성으로 변해서 재물운이 좋아진다. 계수 입장에서 갑목 상관은 계수를 괴롭히는 편관 기토와 합을 해주기에 좋게 작용한다. 그러나 상관 갑목이 정관 무토를 극할 수 있는데, 계해 일주가 무토 정관과 먼저 합을 하기에 상관의 극을 받지 않는다. 계수 입장에서 갑목 상관은 생활력으로 작용해서 상관생재(傷官生財)하는 쪽으로 운이 흐른다. 계수 입장에서 임수 겁재는 편재 정화(丁火)와 합을 하기에 열심히 일해서 돈을 번다.

계해 일주 겁재의 십이운성은 제왕(帝旺)이다. 제왕은 삶의 전성기로 자기 힘이 넘치고, 자기 주변을 다스리고, 식구들을 먹여 살리고, 대장으로서 부하들을 먹여 살리는 책임자이다. 겁재 제왕은 주변에 인맥도 많기에 오지랖이 있고, 사람을 지배하는 독점욕이 있어서 인간관계에서 갈등이 있지만, 사주에 겁재 하나는 일간을 돕는 일을 하기에 소중하다.

계해 일주가 합을 하는 운은 무인(戊寅) 운이다. 계해 일주가 무인 운이 오면 무계합화, 인해합목(寅亥合木)이 되어 활동운과 재물운이 좋아진다. 합(合)은 시너지 효과를 내면서 무탈하게 흐른다. 계해 일주가 충(冲) 하는 운은 기사(己巳) 운과 정사(丁巳) 운이다. 기사 운과 정사 운이 오면 계기충(癸己冲), 정계충(丁癸冲), 사해충(巳亥冲)이 일어나서 병원 입원, 수술, 손재수, 관재수, 구설수가 있을 수 있다. 이런 운에서는 건강, 말, 돈, 행동, 인간관계를 조심해야 한다.

지지의 해수(亥水)는 해자축 방합, 해묘미 삼합, 인해합목을 짠다. 합하는 운은 순조롭다. 해수가 사해충(巳亥冲)을 할 때는 사화(巳火)에 해당하는 심장, 소장, 혈관계가 약해지고, 해수에 해당하는 생식기계, 신장, 방광, 허리, 하체 등이 약해진다. 해해형(亥亥刑)은 물바다가 되기에 조심해야 하고, 신해해(申亥害)는 금생수(金生水)도 하기에 괜찮다. 인해파(寅亥破)는 인해합목(寅亥合木)을 먼저 하기에 작용하지 않는다. 진해원진(辰亥元嗔)과 진해귀문(辰亥鬼門) 운에서는 신경증적인 증세가 있을 수 있으니까, 마음 관리를 잘해야 한다.

part 5

환절기

신(信)으로
지 킨 다

61. 2023년 계묘년(癸卯年)과 십천간(十天干)의 운(運)

2023년은 사주 육십갑자 중에서 계묘(癸卯)의 해이다. 계묘는 검은 토끼로 식신(食神)이다. 식신은 먹고사는 생활력, 기술, 재능이다. 계수(癸水)는 생명의 근원인 물이며, 토끼는 생명체 전체를 상징한다. 계묘의 계수(癸水)는 생명체를 키우는 물이기에 2023년 계묘년이 사주적으로 나쁘지 않다. 그리고 계묘(癸卯)는 천을귀인(조력자)이며 장생(건강하게 오래 삶)이기에 일이 잘되는 쪽으로 움직인다.

갑목(甲木) 일주는 계묘년에 정인(正印)과 겁재(劫財)이다. 정인은 문서복, 승진복, 합격복, 명예복이기에 갑목 일주는 2023년이 긍정적이지만, 지지로는 겁재(劫財)이기에 돈 문제가 발생할 수 있으니까 투기나 투자는 하지 말고 돈 씀씀이를 관리해야 한다.

을목(乙木) 일주는 계묘년이 천간으로 편인(偏印)이기에 문서복, 승진복, 합격복, 명예복이 있고, 지지로는 비견(比肩)이기에 건강운이 좋고, 인생의 짐을 질 수 있는 책임감이 생긴다. 계묘년에 갑을목 일주는 인성(印星)의 생(生)을 받기에 하는 일에서 인정받고, 문서운이 좋은 방향으로 흘러갈 수 있다. 그러나 인성(印星)은 기존 직업인 식상을 극(剋) 하기에 직업변동이나 일의 변화가 있을 수 있다.

병화(丙火) 일주는 계묘년에 천간으로 정관(正官)이기에 자기 직업에서 긍정적인 일이 일어나고 지지로는 정인(正印)이기에 관인상생(官印相生)이 되어서 직업 안정이나 생활 안정으로 운이 좋게 흐른다. 정관은 상황에 협력하고 타인과 타협하면서 살길을 찾고, 정인(인정받음)을 살리기에 사회적으로 안정적이다.

정화(丁火) 일주는 계묘년이 천간으로 편관(偏官)이다. 편관은 스트레스받아도 자기 할 일을 책임감으로 완수하기에 직장이나 사회에서 인정받는다. 지지로는 편인(偏印)이기에 정화 일주도 2023년이 관인상생이 되어서 승진운이 좋다. 관인상생은 하는 일에서 인정받고 그 결과물을 취할 수 있는 운(運)이기에 2023년에 병정화 일주는 일이나 인간관계가 무난하다.

무토(戊土) 일주는 계묘년에 천간으로 정재(正財)이다. 정재는 성실하게 일해서 번 돈으로 안정적인 재화이다. 무토는 계수 정재와 무계합화(戊癸合火)를 해서, 화(火) 기운이 화생토(火生土) 하는 인성(印星)으로 움직이기에 무토 일주에게 2023년은 일이나 인간관계에서 긍정적으로 작용한다. 지지로는 무토 일주가 계묘년에 정관이기에 정재가 정관을 생 하는 재생관(財生官)이 되어 사회에서 이름이 나거나 작은 성공을 할 수 있다.

기토(己土) 일주는 계묘년에 천간으로 편재이고 지지로는 편관이다. 편재는 열심히 일해서 번 돈을 남과 나눠 쓰는 돈이기에 돈 씀씀이를 관리하지 않으면, 돈을 벌어도 돈이 나가기에, 돈 관리를 잘해야 한다. 편재운에는 투자나 투기나 노름을 하지 말아야 한다. 편관은 스트레스받으면서 일하고 성과를 내야 하기에 체력이 소진된다. 기토 일주는 2023년에 편재를 극(剋)하고 편관에게 극을 당하기에 체력이 약해질 수 있으니까 건강 관리를 해야 한다.

경금(庚金) 일주는 계묘년에 천간으로 상관(傷官), 지지로 정재이다. 상관은 관성(기존 질서)을 상하게 해서 구설수나 관재수나 소송수를 일으키기에 조심해야 하지만, 상관이 지지의 정재를 만나면 상관생재(傷官生財)를 먼저 하기에 돈을 벌 수 있다.

신금(辛金) 일주는 계묘년이 천간으로는 식신(食神), 지지로는 편재이다. 식신은 먹고사는 활동력이기에 기존에 하는 일을 열심히 하면 식신생재가 되어 돈을 벌 수 있다. 편재는 돈을 벌면 쓰기도 하기에 편재 운에 돈을 모으려면 쓰지 말고 저축해야 한다. 경신금 일주는 2023년 계묘년에 식상생재로 돈을 벌 수 있다.

임수(壬水) 일주는 계묘년이 천간으로 겁재, 지지로 상관이다. 겁재는 돈을 털리는 기운이기에 돈 나갈 일이 있다. 돈이 나간다는 의미는 집을 사거나 자동차를 바꾸면서 좋은 쪽으로 나갈 수도 있지만, 병원비, 수술비, 사업 실패, 꿔 준 돈을 못 받음, 보이스피싱, 과소비, 투자 실패로 돈이 나갈 수 있으니까 돈 관리를 잘해야 한다. 지지로는 상관이기에 구설수와 소송수와 관재수가 있으니 말과 행동을 조심해야 한다.

계수(癸水) 일주에게 계묘년은 천간으로는 비견, 지지로는 식신이다. 비견은 인간애, 자신감, 건강운, 생활력으로 작용하고 식신은 낙천적인 생활력이기에 계묘 일주에게 2023년 계묘년은 무난하다.

이렇게 단순하게 일간(태어난 날의 천간)만으로 2023년 계묘년(癸卯年)을 예측해 보았지만, 각 개인의 사주팔자에 따라 계묘 두 글자는 복잡하게 움직인다. 이 짧은 글에서 팔자(八字)와 대운(大運)과 세운(歲運) 간의 복잡한 관계를 다 설명할 수는 없다. 그러나 2023년 검은 토끼 계묘(癸卯)는 겁이 많아서 큰일을 벌이지 않고 조심스럽게 상황을 봐 가며 일 처리를 하고, 꾀돌이라서 삶의 시련과 고난을 슬기롭게 헤쳐나갈 것이다.

62. 2023년 계묘년(癸卯年) 검은 토끼

계묘년(癸卯年)은 검은 토끼해이다. 계수(癸水)는 물로서 검은색이고, 묘목은 토끼띠를 나타내기에, 계묘를 검은 토끼라고 한다. 사주학에서 계수는 인간이 먹을 수 있는 물로 생명체를 살리는 근원이다. 계묘는 식신(食神)으로 생명체 전체를 살리는 천을귀인(조력자)이다. 식신은 먹을거리를 만들어내는 생활력이다.

계묘년 검은 토끼는 먹고사는 문제를 해결하는 부지런한 식신이다. 식신은 과시하거나 낭비하지 않는다. 식신은 일하는 행동력이며, 사람을 사랑하는 능력이며, 새로운 문물을 창조하는 재능과 기술이다. 그래서 2023년 계묘년에는 서로를 배려하려고 노력할 것이고 근면하게 일하고 절약하면서 살 것이다. 사주에서 겁재는 힘 자랑으로, 상관은 잘난 척으로, 편재는 돈 자랑을 하는 편인데, 식신은 겸손하게 자기 분수를 지키며 실리적으로 산다.

2023년 계묘년은 토끼띠의 해이다. 토끼는 작지만 귀엽고 활동력과 먹성이 좋고, 나대기도 하지만 겁이 많다. 그래서 계묘년 토끼는 일을 크게 벌이거나 큰 욕심을 내지 않고, 자기 분수를 알고 적정선에서 실제적인 일을 하면서 실용적인 돈을 벌려고 할 것이다. 토끼는 지혜로운 꾀로 위기를 넘기는 동물이므로 2023년 계묘년은 현재의 경제 위기를 잘 넘기기 위해 대다수가 근면하게 자기 실속 챙기면서 현상 유지하는 삶을 살 것이다.

사주에서 식신(食神)은 먹고사는 기술, 주는 사랑, 생명체에 대한 동정심이다. 계묘년 자체만 놓고 본다면 천간(天干) 계수가 지지(地支) 묘목을 생(生) 하면서 길러내기에 먹을 복이나 일복이 좋다. 식신은 자기 힘으로 벌어먹는 재주로 알뜰하고 정(情)도 많지만, 식신이 화나면 관성(기존 질서)을 극(剋) 하기에 관(官)에 저항하는 일들이 생길 수 있다. 그래서 2023년에도 관성(정치)은 이래저래 말이 많을 것이다. 사주에서 식신은 식신생재로 돈을 벌기도 하지만, 관성(정치)이 잘못하면 고치려는 개혁의 기질이 있다.

2023년 계묘(癸卯)는 천을귀인이다. 천을귀인은 일간을 돕는 조력자로 행운의 신(神)이다. 2023년 계묘년 식신 천을귀인은 갈등으로 문제를 해결하기보다는 타협하면서 더 나은 시너지를 내기 위해 협력하는 기운으로 움직일 것이다. 검은 토끼 식신은 기본적인 의식주를 해결하는 능력이고, 천을귀인(조력자)이 이런저런 작은 문제들을 무난하게 해결할 것이다. 계묘년 식신은 십이운성으로 장생(長生)이다. 장생은 활동력이 좋고 건강하고, 식신은 문화 예술 방면의 창작력도 되기에 개인의 창의적 성과물이 훨씬 더 많이 생산될 것이다.

계묘년 검은 토끼 식신(기본생활)은 식신생재(食神生財)로 부(富)를 늘리기도 하면서 부조리한 관성(정치)을 고치면서 더 좋은 사회로 나아가려는 움직임이다. 상관(傷官)이 승패(勝敗)를 가르면서 관성(정치)을 고친다면, 식신은 합의로 관성(정치)을 고치려고 한다. 2022년 임인년(壬寅年) 검은 호랑이도 식신이었지만 임인년은 십이운성이 병지(病支)라서 아픈 일이 많았다면 2023년 계묘년 식신은 십이운성이 장생(長生)이라서 모두를 살리는 쪽으로 정치사회가 움직일 것이다.

계묘년과 합이 되는 글자는 무술(戊戌)이다. 무술은 계묘를 만나면 무계합화(戊癸合火), 묘술합화(卯戌合火)를 해서 화기운(火氣運)이 되어 계수에게 재성(財星)이 되기에 돈을 벌 수 있게 한다. 계묘와 부딪치는 글자는 기유(己酉)와 정유(丁酉)이다. 기유와 정유는 계묘와 계기충(癸己沖), 정계충(丁癸沖), 묘유충(卯酉沖)을 하기에 한쪽은 깨지고, 한쪽은 아프기에 기유와 정유는 계묘년에 몸이 아프거나 돈을 손해 보거나 인간관계에서 힘들 수 있으니까 건강, 돈, 행동, 말을 조심해야 한다.

계묘년의 묘목(卯木)은 인묘진(寅卯辰) 방합, 해묘미(亥卯未) 삼합, 묘술합화(卯戌合火)를 하기에 사주에 나무 기운과 불기운이 필요한 사주는 계묘년에 좋은 일이 생긴다. 합은 화합하기에 자기 고집을 내세우지 않고, 상황에 협력하면서 사람과 잘 지내려고 한다. 묘목은 유금(酉金)과 충(沖)을 하기에 사주에 유금이 있는 분들은 건강, 말, 행동, 인간관계를 조심해야 한다.

계묘년의 검은 토끼는 주어진 상황과 환경에서 꾀를 내며 살아남기에 자기 분수를 알며, 자기 깜냥으로 산다. 계묘년의 검은 토끼처럼 정치 경제 사회가 먹고사는 문제를 슬기로운 꾀로 해결하기를 바라고,

문화 방면에서는 개성 있는 창작물들이 창조되기를 바란다. 식신이 재성(경제)을 살리고, 부조리한 관성(정치)을 고치고, 올바른 관성이 인성(문화)을 살려서, 비겁(사람)을 돕고, 비겁이 식신을 생(生) 하면 2023년이 평화로울 것이다.

그런데 관성(정치)이 불합리하다면 2023년 계묘년에도 정치는 오리무중일 것이다. 식신(기본생활)이 관성(정치)을 극(剋)하고, 관성이 비겁(사람)을 극하고, 비겁이 재성(경제)을 극하고, 재성이 인성(문화)을 극하고, 인성이 식신(의식주)을 극하면, 2023년에도 갈등이 삶을 지배할 것이고, 새로운 문명이나 문물이 창조되지 못하고 삶의 방향 제시는 기대하기 어려울 수 있다. 그래도 계묘년 검은 토끼는 식신(먹을 복), 천을귀인(조력자), 장생(건강하게 오래 삶)이기에 2023년이 긍정적으로 발전하는 해가 되기를 바란다.

63. 2023년 계묘년과 십성의 운(運)

계묘년은 검은 토끼이다. 사주로는 식신(먹을 복)이며 장생(오래 삶)이며 천을귀인(인덕)이다.

식신은 하고 싶은 일을 하면서 산다. 장생은 건강하게 오래 산다. 천을귀인은 도와주는 이웃이나 혈육이나 인맥이다. 사주에서 식신은 요즘 유행하는 말로 소박하게 확실한 행복을 추구하는 개인주의 삶이다.

식신(食神)은 자립적 생활력이기에 2023년 계묘년은 개인이 자기 삶의 주인으로 주체적인 생활 태도로 살아갈 것이다. 식신은 요즘 유행하는 말로 갓생(God生)이다. 갓생은 God(신)과 인생을 합친 말로 자기 삶을 신(神)처럼 가꾸겠다는 의미로 큰 성공이나 부(富)를 추구하기보다는, 주어진 현실에 충실하면서 조금씩 발전하겠다는 자기 최면 같은 생활법이다. 이런 삶의 모습이 '자기가 하고 싶은 일을 하면서 사는' 식신과 닮아있다.

계묘년은 토끼띠이다. '별주부전'에서 살기 위해 지혜롭게 거짓말도 하는 토끼는 먹이사슬 최약자이기에 방어 수단은 도망치거나 숨는 것이지만, 값싼 풀만 먹으면서 남의 것을 탐하지 않고 알아서 잘 산다. 알아서 잘 사는 토끼처럼 계묘년에 개인은 자기 살길은 알아서 살 것이고, 개인이 모인 국가가 자기 살길을 알아서 산다면 더불어 나라도 알아서 잘살게 될 것이다. 계묘년 검은 토끼는 누구에게도 기대지 않고 스스로 존재하는 신(神)처럼 각 개인이 갓생(God生)을 사는 해가 될 것이다.

사주에서 십성(十星)은 비견, 겁재, 식신, 상관, 정재, 편재, 정관, 편관, 정인, 편인이다. 십성을 모르면 사주 해석을 할 수 없다. 비견은 친구, 건강, 독립성이고, 겁재는 친구, 건강, 경쟁력이다. 식신은 하고 싶은 일을 하는 능력이고, 상관도 하고 싶은 일을 하는 재능이지만, 반항심과 비판력이 있다. 정재는 성실하고 알뜰한 부자이고, 편재는 일 잘하고 돈도 잘 벌지만 과소비하는 편이라서 저축해야 부자가 된다. 정관은 모범 시민으로 안정적으로 살고, 편관은 조직이나 단체에서 인정받지만 희생하는 편이기에 건강은 약할 수 있다. 정인은 아는 것이 많은 똑똑이이며 조력자이고, 편인도 똑똑이이지만 의심이 많다.

일주(태어난 날)가 비견이면 계묘년 식신은 비견의 생(生)을 받아서 하는 일이 확장되고 일의 결실이 생겨서 돈을 벌 수 있다. 일주가 겁재이면 계묘년 식신이 겁재의 생을 받아 할 일이 많아져서 돈을 벌 수 있다. 비견과 겁재는 식신을 생(生)하기에 일주 비겁이면 2023년 계묘년에 할 일이 많이 생겨서 돈을 벌 수 있고, 건강운도 좋아진다.

일주가 식신이면 계묘년 식신에 일을 더 많이 해서 돈벌이가 무난할 것이고, 일주가 상관이면 계묘년 식신과 힘을 합쳐서 활동력이 넓어져서 식상생재(食傷生財)로 돈을 벌 수 있다. 그러나 식상은 잘난 척을 하다가 구설수(口舌數)로 시달릴 수 있으니 말조심해야 한다. 일주 상관이면 항상 말조심해야 인간관계가 무탈하다.

　일주가 정재이면 계묘년 식신이 식신생재를 해주기에 일거리도 늘어나고 돈도 벌 수 있다. 일주 편재도 식신생재(食神生財)를 받기에 사업가라면 일거리가 늘어나서 돈을 더 벌 수 있고, 바빠질 수 있다. 그러나 사주에 편재가 천간에 두 개 이상 있다면 과소비를 하거나 돈 씀씀이가 있어서 아무리 벌어도 돈이 모자랄 수 있다.

　일주가 정관이면 계묘년 식신이 정관을 극(剋)하기에 관성(직업)과 마찰이 있지만, 식신은 합리적 해결자이기에 잘못된 관성(기존질서)을 바로 잡을 수 있으나, 직업변동이나 부서 변동 같은 변동수가 있다. 일주가 편관이면 식신이 편관을 극하기에 직장(편관)에서 받는 스트레스가 줄지만, 식신이 편관(직업)을 극하면서 직업변동이나 이동수가 있다. 일주가 관성이면 식신에게 극(剋) 당한 관성이 비겁을 극(剋) 하지 못해서 관재수나 손재수를 당할 수 있다. 식신이 관성을 극할 때는 직업운, 이동수, 변동수가 있으니 손익 계산을 잘해야 한다.

　일주가 정인이면, 정인이 식신을 극(剋)하기에 일의 변화가 있고, 정인(문서)이 식신을 극하면, 식신이 관성을 극하지 못하기에 관인상생(官印相生)이 되어 직업운이나 문서운에서 좋은 일이 생길 수 있다. 일주가 편인이면 편인이 식신을 극하기에 건강운이 약해지지만, 일의 변화가 있고, 편인도 관성과 관인상생을 하기에 직업이나 문서운이 좋게 변할 수 있다.

　이렇게 간략하게 일주(태어난 날)의 십성과 계묘년 식신을 대입해서 설명해보았지만, 사주는 팔자(八字)로 구성되어 있고, 대운(大運), 세운(歲運), 월운(月運)과 만나면 복잡하게 움직인다. 다만 식신이 비겁과 재성을 만나면 돈 버는 쪽으로 움직이고, 식신이 관성과 인성을 만나면 직업이나 일에서 변화가 있고 자기 실력을 쌓는 준비기간으로 움직인다.

64. 운명은 '내 자유의지'
― 명리학적 운명론

　운명(運命)의 사전적 의미가 '정해져 있어서 반드시 그렇게 된다.'라는 의미라면, 명리학(命理學)의 운명론은 필연적 운명론이 아니다. 명리학의 운명론은 '내 자유의지'로 바꿀 수 있다. 사주(생일)는 타고난 명(命)으로 정해져 있어도 해마다 달마다 날마다 들어오는 기운에 따라 변화하기에 사주(四柱)는 고정된 길을 가지 않는다. 사주는 주어진 환경에서 만나는 상황이나 사람에 따라 바뀌기에 '변화 그 자체'가 운명이다.

　들어오는 운(運)은 도로이고, 운의 도로를 가는 자동차가 사주이다. 각양각색의 도로를 주어진 자동차(사주)로 어떻게 갈지는 '내 자유의지'이다. 사주라는 자동차를 가지고 행운의 도로를 갈지, 불운의 도로를 갈지는 '내 자유의지'이다. 명리학은 '나'에게 주어진 재물복, 명예복, 수명복, 건강복, 인맥복 정도를 해석하는 재야 학문이다. 이런 오복(五福)이 사주에 있어도 '내 자유의지'로 노력해야 복이 된다.

　연초(年初)가 되면 몇몇 사람은 띠(태어난 해) 기준으로 삼재(三災:

세 가지 재앙)가 있으니 불행한 일이 일어날 거냐고 묻는다. 불행한 일은 손재수, 관재수, 수술수, 소송수, 구설수, 임종이다. 이런 일이 삼재 운이 들어올 때 일어나는지 궁금해하는데, 이런 불행한 일은 태어난 띠하고 상관없이 누구에게나 일어날 수 있다. 불운은 사주가 좋은 사람에게도 사주가 나쁜 사람에게도 우연히 일어난다. 삼재라고 해서 똑같은 띠들이 똑같이 불운을 겪는 게 아니다.

사주는 띠로만 보는 게 아니다. 사주에서 태어난 띠보다 중요한 것은 태어난 달과 태어난 날이다. 어떤 계절에 어떤 기운으로 태어났는지가 제일 중요하고 그다음이 태어난 시간, 그다음이 태어난 해(띠)이다. 태어난 해는 일간(나)에서 멀리 있기에 일간(나)에게 태어난 달이나 태어난 시간보다 크게 영향을 미치지 못한다. 태어난 해인 띠로만 삼재 운운하며 불운을 예측하는 일은 옳지 않다.

삼재는 세 가지 재앙(수재/화재/풍재, 혹은 전란/질병/기근)을 겪는다는 의미인데, 정보통신과 교통의 발달로 기계화와 도시화가 이루어진 현대 사회에서는 맞지 않는다. 현대 사회에서 삼재는 사고수(事故數), 손재수(損財數), 관재수(官災數) 정도이다. '수재(水災) 화재(火災) 풍재(風災)'나 '전란(戰亂) 질병(疾病) 기근(飢饉)'은 삼재에 해당하는 띠가 당하는 게 아니고, 전 국민이 전 세계인이 띠 하고 상관없이 갑작스럽게 당하는 불운이다. 삼재에 걸린 띠가 당하는 게 아니다.

삼재보다는 형충(刑沖) 하는 운에 조심해야 한다. 형은 형벌이고 충은 부딪쳐서 사라지는 운(運)인데, 이런 운에서는 건강, 말, 운전, 행동, 인간관계, 돈을 조심해야 한다. 그런데 형충 한다고 해서 전부

다 고생하고 망하고 실패하는 건 아니다. 형충(刑沖) 하는 운이 들어오면 어떤 사람은 의외의 변화 변동으로 더 잘될 수도 있다. 위기가 기회이고, 실패가 새로운 시작이고, 변화가 더 좋은 방향으로 흐를 수 있다. 형충 해서 변화 변동을 겪는다고 사주가 나쁘게 흐르는 게 아니다.

사람이 살려고 하듯이 사주도 살려고 합형충파해(合刑沖破害)를 한다. 합형충파해의 기운이 들어올 때 사주가 상황에 맞춰 유연하게 변한다. '변화가 운명'이기에 사주는 살기 위해 매일 매달 매해 변하면서 움직인다. 그래서 사람들이 일진(하루 운세)을 본다. 일진은 오늘 어떤 기운이 들어와서 '나'에게 어떤 영향을 끼치는지 알아보는 예측법이다. 그런데 일진 예측도 삼재처럼 다 맞는 것이 아니기에 그냥 재미로 보면 된다.

사주가 상황과 기운에 맞춰서 변화하듯이, 운명도 정해진 게 아니라 주어진 환경과 사람에 따라서 변화하고 움직인다. 행운이나 불운은 우연히 기회가 맞아떨어져서 일어나는 일이다. 변화의 전제 조건으로 어떤 기회가 왔을 때, 미리 준비된 사람에게는 행운의 기회가 오고, 게으름피우며 노력하지 않은 사람에게는 불운의 기회가 온다. 자기 꿈을 이루려고 평소에 준비한 사람은 사주(四柱)와 상관없이 행운의 기회를 잡을 수 있다. 행운의 길을 닦을지 불운의 길을 닦을지는 '내 자유의지'이다.

밝은 운명은 '내 자유의지'로 불운을 딛고 행운을 만들어가는 도로에 있다. 오늘의 의무를 착실히 수행하고, 건강한 쪽으로 몸을 움직이고, 주어진 상황이 힘들고 어려워도 '내 의지력'으로 해결하는 노력이

'운명'이다. 사주(생일)는 단지 '내'게 주어진 자동차이고, 자동차를 움직이는 '내 자유의지'가 삶의 도로를 운전하는 운명의 운전자이다. 사주가 좋든 나쁘든 좋은 방향으로 삶의 흐름을 바꿀 수 있는 '내 자유의지'가 운명이다.

65. 육십간지 십성 숫자의 의미

비견: 무진,기축,무술,갑인,을묘,기미,경신,신유, 8개
겁재: 병오,임자,정사,계해, 4개
식신: 정축,병술,임인,계묘,정미,무신,기유,병진, 8개
상관: 갑오,경자,을사,신해, 4개
정재: 임오,무자,계사,기해, 4개
편재: 을축,갑술,경인,신묘,을미,병신,정유,갑진, 8개
정관: 경오,병자,신사,정해, 4개
편관: 무인,기묘,계미,갑신,을유,임진,계축,임술, 8개
정인: 갑자,기사,을해,무오, 4개
편인: 병인,정묘,신미,임신,계유,경진,신축,경술, 8개

 오행도 음양도 같은 십성은 비견, 식신, 편재, 편관, 편인이다. 오행과 음양이 같은 십성이 오행이 같고 음양이 다른 십성보다 월등하게 숫자가 많아서 60간지 중에서 40개를 차지한다. 비견은 일간(내가 태

어난 날)과 같은 기운으로 일간의 건강함이고 일간을 돕는 사람이다. 식신도 일간(나)이 생 하는 기운으로 일간과 음양이 같아서 일간이 사랑하는 일이나 사람이다.

비견과 식신이 겁재나 상관보다 숫자가 배로 더 많다. 겁재는 일간을 돕기도 하지만 일간의 재물을 빼앗아가고, 상관은 일간의 기운을 뺀다. 비견 8개, 식신 8개로 16개인 이유는 겁재보다 비견이, 상관보다 식신이 삶에 더 많이 작용하기 때문이다. 겁재는 돈과 사람을 잃을 수 있고, 상관은 구설수와 관재수를 당할 수 있기에, 부정적인 겁재나 상관보다 긍정적인 비견과 식신이 삶에서 더 작용함을 보여준다. 그래서 사주는 대부분 좋은 쪽으로 운이 흐른다.

겁재는 일간의 재물을 빼앗아가는 손재수이고, 상관은 기존 질서에 저항하는 관재수를 일으킨다. 비견과 식신이 돈을 벌어서 혈육과 잘 쓴다면, 겁재와 상관은 돈을 벌어서 남에게 뜯기거나 과소비하거나, 괜한 소송비로 돈을 쓸 수 있다. 겁재와 상관이 비견과 식신보다 부정적으로 흐르기에 겁재와 상관이 비견과 식신보다 60간지에서 숫자가 적다. 비견과 식신이 이익을 낸다면 겁재와 상관은 손해를 일으킨다. 이런 의미로 숫자의 개수를 해석해본다면, 삶은 손해보다는 이익을 많이 본다는 의미이다.

음양이 다른 십성은 겁재, 상관, 정재, 정관, 정인이다. 음양이 다르다는 의미는 협력하라는 의미이다. 갈등하지 말고, 음양 조화를 위해 행동하라는 의미이다. 같은 기운끼리도 친구가 되지만, 음양 조화는 다른 기운끼리도 친구가 되라는 의미이다. 겁재는 나와 다른 인간관계이지만, 친구처럼 지내라는 의미이고, 상관은 기존 질서인 관성에 대항하면서 좋게 고치라는 의미이다.

정재와 정관과 정인은 음양이 달라서 합리적으로 사회가 원하는 방향으로 행동하고 말한다. 정재는 성실하게 일하고, 정관은 체제에 순응하고, 정인은 정보를 받아들이는 수용력이다. 정재와 정관과 정인은 순응자들이기에 60갑자에서 숫자가 12개이다.

편재와 편관과 편인은 24개로 역동적으로 체제를 바꾸면서 지식을 갱신하면서 나아간다. 편재는 정재보다 큰돈으로 사회적으로 잘 쓰면 사회를 발전시키고 더 잘 먹고 더 잘살게 한다. 편관은 정관보다 좀 더 세게 개인들(비겁)을 누르고 제압하기에 사회적으로 더 단단한 구조나 체제를 만들고, 편인은 지식과 정보를 의심하고 비판하면서 더 확실한 지식으로 발전시킨다. 이렇게 편재와 편관과 편인은 사회 개혁의 힘이기에 정재와 정관과 정인이 12개인데 비교해서 24개나 된다.

사회는 다수에게 더 좋은 쪽으로 변화하는 속성이 있다. 누구 한 사람에게 권력이나 재물이 집중되지 못하도록 사회적 장치가 계속 발전하고 있다. 사회 구조를 유지 시키는 게 정재, 정관, 정인이라면, 기존 사회의 부조리를 고쳐 나가는 게 편재, 편관, 편인이다. 편재, 편관, 편인이 정재, 정관, 정인보다 십성 개수가 더 많다는 것은 개혁하고 고치는 일이 더 많기 때문이다.

일 많이 하는 편재와, 비겁을 제압하는 편관과, 지식의 불합리성을 지적하는 편인이, 정재와 정관과 정인보다 숫자가 배가 많은 것은 사회를 고치려면 힘이 많이 들기 때문이다. 사회를 좋은 쪽으로 바꾸려면 힘을 써야 하기에 편재와 편관과 편인은 24개로, 정재와 정관과 정인 12개보다 숫자가 더 많다. 편재와 편관과 편인의 사주가 정재와 정관과 정인의 사주보다 많다.

　사주를 해석할 때 편재와 편관과 편인을, 정재와 정관과 정인보다 부정적으로 해석할 필요가 없다. 십성은 각각의 장단점이 다 있기에 사주를 해석할 때 긍정적 낙관적으로 좋게 해석해야 한다. 사주를 나쁘게 해석하지 말고, 되도록 좋게 해석해야 사주가 더 좋은 역할을 하고 사주 당사자에게도 긍정적인 자아관을 심어줄 수 있다.